PIECES OFFICIELLES

RELATIVES

Aux Négociations du Gouvernement Français avec le Gouvernement Haïtien,

POUR TRAITER

De la formalité de la Reconnaissance de l'Indépendance d'Haïti.

PORT-AU-PRINCE,

DE L'IMPRIMERIE DU GOUVERNEMENT.

Octobre 1824, an 21 de l'Indépendance d'Haïti.

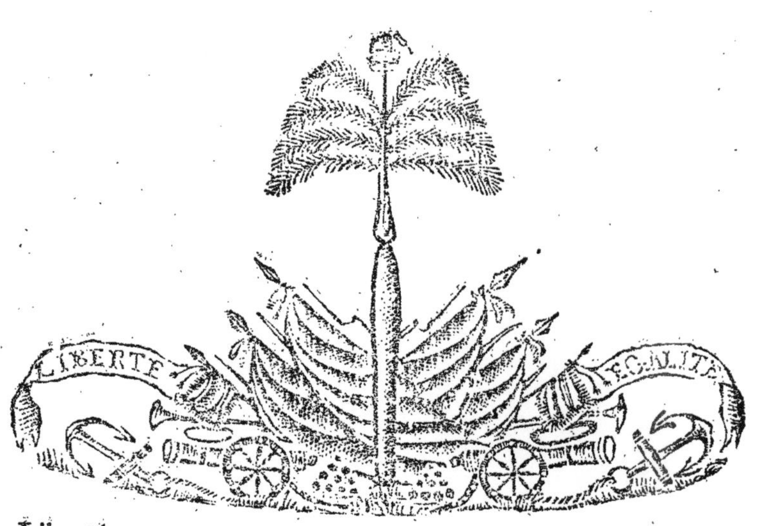

Liberté, Egalité.

REPUBLIQUE D'HAYTI.

JEAN-PIERRE BOYER,

PRESIDENT D'HAÏTI.

Tous les peuples ont eu leurs révolutions, glorieuses ou funestes, selon les causes qui les avaient produites. Les uns ont dû leur splendeur à ces secousses politiques; les autres en ont été ébranlés, et sont tombés en décadence: ceux-ci, trop corrompus pour conserver intacte, au milieu des orages, l'énergie nationale, ont vendu leur liberté, et se sont courbés sous un honteux asservissement: ceux-là au contraire, s'armant d'une noble résolution, ont secoué le joug de l'étranger, et se sont rendus indépendans. C'est au rang de ces derniers qu'il a plu à la divine Providence de nous placer : nous ferons constamment tous nos efforts pour justifier aux yeux du monde les signes non équivoques de sa volonté suprême.

Sortie victorieuse de la lutte où l'avait engagée le besoin de reconquérir ses droits imprescriptibles, la nation haïtienne, éclairée par les leçons de l'expérience, n'eut plus d'autre ambition que de fonder les bases de son gouvernement sur des institutions semblables à celles qui avaient mérité à un peuple célèbre le suffrage de l'Univers. Dès-lors elle comprit que, pour se mettre à la hauteur de ses destinées, elle devait faire fleurir son agriculture, hâter sa civilisation, et appeler le commerce dans ses ports. Toutes les nations qui désirèrent d'établir une réciprocité d'échanges avec notre République, y furent donc admises et protégées. La France elle-même ne fut pas plutôt réconciliée avec l'Europe dont les flottes ne lui fermaient plus les mers, qu'elle chercha les moyens de participer aux avantages de ces relations. Trop justes pour imputer au monarque qui venait de remonter sur le trône de ses pères, les torts d'une agression antérieure à son gouvernement, nous reçûmes le commerce de cette puissance, mais sous pavillon masqué. Cette forme d'admission était nécessaire à la garantie nationale.

Telle était la situation d'Haïti, lorsque vers la fin d'Octobre 1814, le général Dauxion Lavaysse, muni d'instructions de M. Malouet, ministre de S. M. T. C. au département de la marine, débarqua en ce port. Ses propositions étaient aussi ridicules que le but de sa démarche était perfide. Elles furent rejetées, et la nation se tint sur ses gardes. Il est vrai que S. M. T. C. a désavoué la mission de cet agent; mais il nous était permis alors de considérer comme authentiques des pouvoirs revêtus de la signature d'un ministre qui n'oserait la nier. Le général Dauxion retourna à la Jamaïque dans les premiers jours de Décembre.

Deux ans après, et dans le même tems qu'Haïti s'occupait de réviser l'acte fondamental de sa régénération, nous vîmes arriver, sur la frégate française la Flore, une seconde députation qui, bien qu'émanée directement de S. M. T. C., n'obtint pas un meilleur succès, parce que les prétentions n'avaient point changé.

Malgré ces tentatives, bien faites pour éveiller la méfiance du peuple sur les projets d'un cabinet qui persistait à vouloir le faire rétrograder vers la servitude, le commerce français n'en continua pas moins, dans la plus entière sécurité, ses transactions avec Haïti.

La correspondance, à laquelle ont donné lieu les deux missions dont il vient d'être parlé, ayant été publiée par mon prédécesseur, je ne m'étendrai pas d'avantage sur cette première époque des ouvertures diplomatiques de la France avec le gouvernement de la République. Il me reste maintenant à faire connaître les détails des négociations dont on a cru pouvoir renouer le fil avec moi : j'y joindrai les pièces officielles qui y sont relatives.

La réunion de la partie du Nord à la République fit éclore de nouvelles propositions (A. B. C.) que M. Aubert du Petit-Thouars fut chargé de me porter de la part de M. le conseiller d'état Esmangart qui, lors de la mission de M. le vicomte de Fontanges, en 1816, dont il faisait partie, s'était attiré, en manifestant ici des principes libéraux, l'estime du gouvernement haïtien. M. Aubert m'annonçait que S. M. Louis XVIII *s'était décidée à consacrer notre Indépendance, et se bornait à réclamer le droit de* SUZERAINETÉ, *avec des indemnités pour la cession du territoire et des propriétés.*

Ma réponse (D. E.) fut positive, et en repoussant jusqu'à l'ombre du protectorat, je consentis à faire revivre, comme la seule voie qui pût mener à un traité définitif, l'offre d'une indemnité raisonnablement calculée, que mon prédécesseur avait faite au général Dauxion Lavaysse, et que M. le vicomte de Fontanges avait écartée. Cette offre de ma part resta dans l'oubli, malgré l'assurance que M. Aubert m'avait donnée que l'on n'attendait plus que la connaissance de ma détermination pour en finir.

Il est à remarquer que chaque événement qui ajoutait à la prospérité de la République, ne tardait pas à être suivi de l'envoi de quelque agent, dont la mission avortait toujours par les rétractations du cabinet français.

A peine les habitans de la partie de l'Est avaient manifesté leur ferme volonté de ne plus former avec nous qu'un seul et même peuple, et avaient réalisé le vœu de la Constitution, que M. Liot se présenta à moi, avec des notes confidentielles de M. le marquis de Clermont-Tonnerre, ministre de la marine. Ces notes avaient pour but de me porter à faire une démarche de convenance :

son gouvernement, disait-il, ayant déjà fait infructueusement les premiers pas, désirait que je prisse à mon tour l'initiative.

Je n'avais pas oublié que la mission du général Lavaysse, toute ministérielle comme celle de M. Liot, avait été frappée d'un désaveu formel: je savais également à quoi m'en tenir sur les motifs de la non-réussite qui servait de prétexte à cette proposition; mais voulant donner une nouvelle preuve de mes dispositions conciliatrices, et pensant qu'il serait agréable à celui qui sollicitait cette négociation, qu'elle fût menée avec mystère, je ne crus pouvoir la remettre alors en des mains plus convenables qu'en celles du général Boyé, qui était ici depuis quelque tems.

Ce général qui, à juste titre, possède mon estime et ma confiance, partit dans le courant du mois de mai 1823, revêtu de mes pleins pouvoirs (F) pour parvenir à la conclusion d'un traité de commerce, basé sur la reconnaissance de l'Indépendance d'Haïti. Il est surprenant que le négociateur désigné par M. le marquis de Clermont-Tonnerre, pour s'aboucher avec lui, n'ait pas eu une latitude suffisante pour accepter mes propositions, puisque, d'après tout ce qui avait été agité depuis 1814, le cabinet français devait être fixé et sur notre détermination et sur les demandes auxquelles la France pouvait espérer de nous voir adhérer. Quoiqu'il en soit, cette négociation que le ministère avait appelée de tous ses vœux, échoua (le croira-t-on?) par une chicane sur la nature et le mode de l'indemnité proposée par le général Boyé. (G.)

M. Esmangart, dans ses lettres des 27 août et 26 octobre 1823 (H. J.), me témoigna combien il regrettait que la mission dont le général Boyé avait été chargé, n'eût point réussi. Il en attribuait la cause au choix de mon agent, et à la différence qu'il trouvait entre les propositions que j'avais faites le 10 mai 1821 (D.), et celles que le général Boyé lui avait présentées. Néanmoins, ne désespérant pas de pouvoir mener à fin une affaire qu'il avait tant à cœur, il me pressait d'envoyer un autre agent *qui ne fût point indifférent, par sa position, au résultat de la négociation, et qui fût porteur de mes premières propositions*, m'assurant qu'alors *le gouvernement du Roi, qui ne voulait que des conditions justes, modérées, telles enfin que je les avais désirées moi-même, serait toujours disposé à traiter sur ces bases, bases qu'il reconnaissait n'avoir rien qui ne fût acceptable, qui, selon lui, conciliaient toutes les prétentions*, et auxquelles il n'avait point été sans doute maître de donner suite dans l'intervalle qui s'est écoulé depuis ma dépêche du 10 mai 1821 jusqu'au jour de sa conférence à Bruxelles avec le général Boyé, en août 1823.

A ces deux lettres de M. Esmangart en succéda bientôt une troisième, qu'il m'adressa le 7 novembre 1823 (K.), pour m'annoncer M. Laujon, comme possédant toute sa confiance, et pour me transmettre son ardent désir de coopérer prochainement à la conclusion du traité qui devait mettre un terme à toutes les incertitudes. En effet M. Laujon débarqua au Port-au-Prince, quelques jours après la publication de ma Proclamation du 6 janvier dernier, et me présenta une note en forme d'instructions (L.). Après avoir rappelé dans cette note, qu'il n'avait pas été en son pouvoir d'empêcher la rupture de la négociation de Bruxelles, M. Esmangart ajoutait *qu'il aimait à croire que je reviendrais aux dispositions que je lui avais annoncées dans la dépêche que M. Aubert avait été chargé de lui remettre.* A l'appui de cette assertion, M. Laujon me fit aussi des instances pour m'engager à envoyer un agent en France, m'affirmant que le gouvernement du Roi faisait dépendre de cette démarche la formalité de la reconnaissance de l'indépendance d'Haïti, d'après les bases du 10 mai 1821 (D).

Tant de persévérance de la part de M. Esmangart à poursuivre l'achèvement de ce grand œuvre, me détermina à répondre à sa dernière lettre par ma dépêche du 4 février 1824 (M.), pour lui faire savoir que, me rendant au désir de son gouvernement, j'allais à cet effet envoyer en France une mission avec les pouvoirs nécessaires. En conséquence, le 1er. mai dernier, les citoyens Larose, sénateur, et Rouanez, notaire du gouvernement, s'embarquèrent à bord du brick de commerce le *Julius Thalès*, pourvus de ma lettre de créance, en date du 28 avril 1824 (N.), et de mes instructions du même jour (O.), qui ne pouvaient plus laisser aucun doute sur les clauses du traité qu'ils étaient chargés de conclure, et sur la formalité indispensable de *la reconnaissance, par une ordonnance royale, de notre indépendance absolue de toute domination étrangère, de toute espèce de suzeraineté, même de tout protectorat d'une puissance quelconque, en un mot, de l'indépendance dont nous jouissons depuis vingt ans.*

Je ne tardai pas à croire devoir me féliciter

d'avoir fait partir les citoyens Larose et Rouanez, puisqu'ils n'étaient pas encore arrivés à leur destination, que je reçus successivement, par différens bâtimens, une dixaine de lettres (P.) dans lesquelles MM. Esmangart et Laujon me témoignaient leur impatience du retard de la personne qui devait porter mes propositions. Mais par une fatalité inconcevable qui détourne toujours le ministère français du rapprochement qu'il paraît toujours si désireux d'opérer; mais par un système de tergiversation qui ne lui permet pas, au moment de conclure, d'admettre les propositions déjà admises, ou qui lui fait reproduire les prétentions qu'il avait abandonnées pour se créer une occasion d'alléguer l'insuffisance des pouvoirs de mes agens, la mission des citoyens Larose et Rouanez demeura, comme les précédentes, sans résultat. Ils se virent donc dans la nécessité de demander leur passeport pour revenir dans la République, où ils sont arrivés le 4 de ce mois.

Leur conduite a répondu à mon attente. Elle méritera aussi, je n'en doute pas, l'approbation nationale. Le compte qu'ils m'en ont rendu (Q.) sera annexé aux pièces officielles que j'ai annoncées.

Je viens d'exposer les faits: je les livre au tribunal de l'opinion. Haïti sera à même de juger si son premier magistrat a justifié la confiance qu'elle a placée en lui, et le monde, de quel côté fut la bonne foi. Je me bornerai à déclarer que les Haïtiens ne dévieront jamais de leur glorieuse résolution. Ils attendront avec fermeté l'issue des événemens. Et si jamais ils se trouvaient dans l'obligation de repousser encore une injuste agression, l'univers sera de nouveau témoin de leur enthousiasme et de leur énergie à défendre l'Indépendance nationale.

Palais National du Port-au-Prince, le 18 Octobre 1824, an 21 de l'Indépendance d'Haïti.

BOYER.

Par le Président :

Le Secrétaire-Général,
B. INGINAC.

CORRESPONDANCE.

A.

Paris, ce 5 Février 1821.

Monsieur le Président,

Vous aurez probablement reçu avant cette lettre, celle que j'ai eu l'honneur de vous écrire le 25 décembre dernier.

Depuis cette époque, la nouvelle de la réunion de la partie du Nord à votre gouvernement est parvenue en France; elle nous donne l'espoir que toute *la Colonie* (1) jouira désormais de la paix intérieure comme en jouissaient les parties de l'Ouest et du Sud.

Mieux que personne, Monsieur le Président, j'ai pu, depuis le voyage que j'ai fait à *Saint-Domingue*, apprécier les bons procédés de Votre Excellence envers le commerce français. Ils ne sont point ignorés du gouvernement du Roi, et la loyauté de votre conduite doit le convaincre de la foi que l'on peut ajouter à vos paroles.

Si quelques obstacles s'opposent encore à la conclusion de l'importante affaire qui m'a mis précédemment en relation avec vous, le changement que vous venez d'opérer si heureusement dans le gouvernement de *Saint-Domingue* doit contribuer efficacement à les applanir.

J'aurais peut-être pu profiter de cette conjecture et rendre un service essentiel à mon pays et au vôtre, si j'eusse connu d'une manière positive vos intentions; mais faute d'informations suffisantes, mon zèle s'est

---

(1) C'est sans doute involontairement que les expressions de *Colonie* et de *Saint-Domingue* se trouvent placées ici pour désigner *Haïti*. Nous ne relèverons plus de pareilles méprises.

trouvé arrêté, et j'ai craint que des démarches entreprises dans un but salutaire ne fussent rendues infructueuses par des circonstances que je ne peux connaître, et qu'au lieu de hâter le moment d'une réconciliation entière, elles n'eussent peut-être pour résultat de troubler la bonne harmonie qui tend à s'établir entre les deux pays.

Si, comme je dois le supposer, Monsieur le Président, vos dispositions ne sont point changées, et si vous reconnaissez toujours de quel avantage serait pour le pays que vous gouvernez un accommodement avec la France, je croirais très-utile que vous voulussiez bien m'en donner l'assurance et me faire connaître en même temps d'une manière assez précise, pour que mes démarches ne fussent pas infructueuses, quelles pourraient être vos propositions.

Cette lettre vous sera remise par M. Aubert; c'est un homme sûr et auquel vous pouvez, Monsieur le Président, accorder une entière confiance. Dès qu'il aura reçu votre réponse, il reviendra sur le premier navire qui mettra à la voile pour la France. Si elle est telle que je l'espère, je ne perdrai pas un moment pour en informer le gouvernement du Roi.

Je m'estimerai personnellement heureux, Monsieur le Président, d'avoir concouru à une affaire d'une si haute importance et pour votre pays et pour vous. Il vous devra non-seulement la paix intérieure et extérieure, mais même, on peut le dire, son existence; et votre nom se rattachera glorieusement à une bien grande époque.

Je saisis cette occasion, Monsieur le Président, pour vous offrir l'assurance de la très-haute considération avec laquelle je suis,

De Votre Excellence,

Le très-humble et très-obéissant serviteur,

ESMANGART.

B.

Au Cap, le 4 Mai 1821.

A S. Exc. le Président de la République d'Haïti.

Monseigneur,

S. M. le Roi de France, les princes de sa famille, le gouvernement, le commerce, la France entière a appris avec plaisir les succès que V. Ex. venait d'obtenir, et la réunion de la partie du Nord à son gouvernement.

La loyauté bien connue de V. Ex., ses bons procédés envers le commerce français, la foi que l'on ajoute aux paroles qu'elle a dites en 1816 (1), lors de la négociation de MM. Esmangart et de Fontanges, tout a fait concevoir l'espoir bien doux de voir promptement se rétablir, sur des bases stables, les rapports de bonne intelligence entre la France et le pays que vous gouvernez.

Aussi-tôt que la nouvelle de l'heureux changement que V. Ex. venait d'opérer dans l'île fut parvenue en France, M. Esmangart quitta sa préfecture et se rendit à Paris. Là, par un rapport qu'il fit, il provoqua la réunion du Conseil du gouvernement auquel il fut appelé. Les intérêts des deux pays furent discutés avec une égale impartialité. Tous les avis se réunirent, et le Conseil se prononça en votre faveur. L'opinion qu'il fallait en finir fut adoptée (2).

L'avis du Conseil fut soumis au Roi et aux princes; ils approuvèrent sa décision, et S. M. témoigna qu'elle

(1) Le Président d'Haïti, actuel, n'a jamais rien dit, en 1816, qui ne fût conforme à la détermination de son prédécesseur. Nous regrettons donc sincèrement qu'à cette époque on n'ait pas ajouté foi aux paroles qu'on invoque ici, et que l'on a rejetées plus tard.

(2) Si M. Aubert n'a pas amplifié les choses, il faut convenir que les décisions du Conseil éprouvent un bien grand retard dans leur exécution.

était disposée à faire tous les sacrifices qui pourraient tendre au bonheur des habitans d'Haïti, et au rétablissement de la paix; pourvu, toutefois, qu'ils fussent établis sur des bases *honorablement* (3) calculées pour les deux pays.

Ce fut alors, que M. Esmangart regretta bien vivement que V. Ex. n'ait point eu assez de confiance en lui pour lui avoir fait connaître quelles pourraient être les propositions qu'elle croit pouvoir faire à la France, en dédommagement des sacrifices immenses qu'elle est prête à faire.

M. Esmangart craignit de s'avancer, de promettre des choses que V. Ex. n'aurait peut-être pas voulu tenir, et par là d'éloigner l'époque de notre réconciliation au lieu d'en hâter le moment.

S'il eut été plus instruit, aujourd'hui tout serait terminé.

Cet obstacle n'est pas le seul qu'il ait rencontré; il y en avait un autre très puissant, dont j'aurai l'honneur de parler à V. Ex., mais qui aujourd'hui ne peut plus avoir d'influence qu'ici.

Les prétentions de la France sont si modérées, si justes (4), sa conduite avec Haïti depuis la restauration a été telle, que V. Ex. est beaucoup trop éclairée pour ne pas y voir le desir le plus sincère de terminer à l'amiable cette lutte déjà beaucoup trop longue.

La confiance avec laquelle on s'est livré, et on se livre journellement au commerce d'Haïti, sur la simple parole de V. Ex., est la preuve de la vénération que sa parole inspire; et cette confiance est aussi la mesure de celle qu'elle doit nous accorder.

---

(3) Nous sommes d'accord sur ce point. Pourquoi donc le ministère veut-il toujours nous imposer des conditions qui sont à la vérité *honorables*, pour la France, mais qui ne présentent que *déshonneur* et *danger* pour Haïti?

(4) Nous sommes encore à en attendre la preuve.

La gloire qui s'attache aux pas de V. Ex. et a déjà rendu la République redevable envers elle de son agrandissement et de sa pacification, mettra le complément à son ouvrage en la rendant le fondateur de son existence politique. Car aujourd'hui on peut dire avec assurance que tout dépend de V. Ex.

Plus on réfléchit aux conséquences d'un traité entre la France et le pays soumis à votre gouvernement, plus on trouve que les résultats doivent en être avantageux pour ce dernier. Il consolide la paix intérieure, donne à l'agriculture, et au commerce qui se fera librement, un accroissement incalculable. Les capitaux arriveront à *Saint-Domingue* dès qu'on saura qu'on peut les y faire fructifier sans inquiétude ; tout le commerce de l'Amérique du Sud avec l'Europe se fera par *Saint-Domingue* qui deviendra l'entrepôt de ces deux parties du monde, etc... Plus on s'arrête sur toutes ces idées, plus elles s'agrandissent, plus on en sent toute l'importance (5).

La lettre de M. Esmangart, que je suis chargé de remettre à V. Ex., a pour but de la prier de me faire connaître, ou de convenir des bases principales du traité que l'on pourrait faire avec elle. C'est une connaissance préalable, sans laquelle il serait impossible d'entamer des négociations à d'aussi grandes distances, et d'éviter les lenteurs qu'entraînerait nécessairement un mal-entendu.

La crainte de ne pouvoir causer seul avec V. Ex., m'a engagé à lui écrire, pour lui faire connaître les dispositions bienveillantes de S. M. le Roi de France. J'ose espérer que V. Ex. appréciera les sentimens qui m'ont guidé ; ils sont le résultat du vif désir que j'ai de voir se faire un traité, que je crois dans

---

(5) Nous aurons moins de partialité à notre égard : nous conviendrons que ces avantages seront d'une *égale importance* pour les deux pays.

l'intérêt des deux pays, dans celui du nom de V. Ex., et du désir non moins vif de mériter son estime.

Je suis avec un profond respect,

De Votre Excellence,

Le très-humble et très-obéissant serviteur,

AUBERT.

C.

Au Cap-Haïtien, le 8 Mai 1821.

A S. Exc. le général Boyer, Président de la République d'Haïti.

Monseigneur,

Le Conseil de S. M. avait pensé que ce qu'il y aurait de plus avantageux pour la France, et peut-être aussi pour le pays que gouverne V. Ex., serait que vous voulussiez reconnaître la souveraineté de la France, aux conditions qui vous avaient été soumises en 1816 par Messieurs Esmangart et de Fontanges, en y ajoutant même quelques nouvelles concessions (1).

Ayant acquis la conviction que cette base ne peut être admise (2), je dois faire connaître à V. Ex. que S. M. désirant le bonheur des habitans de la partie de l'Ile soumise à votre domination, et non de porter parmi eux le trouble et la guerre civile, avait pensé qu'une telle reconnaissance serait peut-être funeste à la réunion et à la paix que vous venez d'établir avec

---

(1) Si en 1816 nous avons repoussé avec tant d'énergie la SOUVERAINETÉ de la France, comment pouvait-on espérer de nous la faire reconnaître en 1821, avec de nouvelles concessions de notre part, lorsque la réunion du Nord venait d'ajouter à la force et à la prospérité de la République.

(2) Nous remercions M. Aubert de n'être point de l'avis du Conseil de Sa Majesté.

tant de succès. S. M. a voulu donner une preuve de son désir sincère de la réconciliation, de sa bienveillance pour V. Ex. et en même tems de sa sollicitude pour un pays qu'elle regarde toujours comme français; elle s'est décidée à consacrer l'indépendance de la République d'Haïti.

En prenant une telle résolution, S. M. s'est attendue à trouver dans V. Ex. et son gouvernement des dispositions analogues; elle s'attend à voir reconnaître *sa simple suzeraineté*, ou à la France un droit de protection semblable à celui que l'Angleterre exerce à l'égard du gouvernement des Iles Ioniennes (3). Ce droit ne peut qu'être avantageux à la République, surtout dans les premiers tems; et il est utile à son indépendance, en écartant toutes les prétentions que l'on pourrait élever sur elle : d'un autre côté, il assure à la France la libre jouissance du commerce avec Haïti.

S. M. ne désire le commerce qu'aux conditions établies pour la puissance la plus favorisée (4); car dans l'intérêt d'Haïti, qui sera aussi celui de la France, après le traité, il importe qu'il ne soit pas fait de conditions qui puissent, par suite, troubler l'ordre de la République.

Ces derniers motifs font tenir aux indemnités pour le territoire et les propriétés (5); elles seront d'ailleurs promptement compensées par l'accroissement que prendront l'agriculture et le commerce.

---

(3) Sommes-nous dans la même position que ces îles? Avaient-elles et pouvaient-elles maintenir une *Indépendance absolue*, comme celle dont nous jouissons depuis vingt ans? D'ailleurs s'il entrait dans leur intérêt de se placer sous la protection de l'Angleterre, il n'est pas de notre garantie d'accepter la protection d'aucune puissance. LA SUZERAINETÉ de la France ne nous convient pas plus que sa SOUVERAINETÉ.

(4) Nous avons toujours été prêts à signer ces conditions.

(5) Nous consentons encore à accorder *l'indemnité* qu'on demande, et que M. de Fontanges avait rejetée.

Si telles sont, Monseigneur, les conditions auxquelles V. Ex. peut traiter et qu'elle daigne me les faire connaître, ou qu'elle veuille en instruire monsieur Esmangart, dans une réponse à sa lettre, je puis assurer V. Ex. que monsieur Esmangart, ou tout autre commissaire chargé de pouvoirs, se rendra promptement près d'elle pour traiter définitivement.

La franchise avec laquelle je viens de m'expliquer est un hommage que je rends à V. Ex.; j'aurais cru lui manquer, en agissant différemment.

Je suis avec un profond respect,

De Votre Excellence,

Le très-humble et très-obéissant serviteur,

AUBERT.

D.

Liberté, REPUBLIQUE D'HAYTI. Egalité.

Cap-Haïtien, le 10 Mai 1821, an 18 de l'Indépendance.

JEAN-PIERRE BOYER, Président d'Haïti,

A Monsieur Esmangart, Conseiller-d'Etat, Préfet de la Manche.

Monsieur le Préfet,

M. Aubert m'a remis votre lettre datée de Paris le 5 février dernier; il s'est également acquitté, par sa note du 4 de ce mois et par celle d'hier, de ce dont il était chargé relativement à la reconnaissance de l'Indépendance d'Haïti.

Vous avez dû, monsieur le Préfet, pendant votre séjour au Port-au-Prince, en 1816, vous bien convaincre que le gouvernement de la République ne fesait qu'interpréter l'inébranlable volonté du peuple, en demandent que la reconnaissance de l'Indépendance d'Haïti,

de la part de S. M. T. C. fût pure et simple : car la prospérité du pays et l'honneur national ne permettent pas qu'il soit porté la moindre atteinte à cette Indépendance, soit en admettant la *suzeraineté directe ou indirecte*, soit en se plaçant sous la *protection* d'aucune puissance quelconque. A cet égard, mon prédécesseur s'est trop bien ouvert aux commissaires du Roi de France, du nombre desquels vous fesiez partie, pour qu'il soit nécessaire d'entrer aujourd'hui dans d'autres explications.

C'est au moment où la République jouit de la paix intérieure, où elle est fréquentee par le commerce de toutes les nations, que la question de la reconnaissance de son Indépendance est, de nouveau, vivement agitée ; et c'est pour donner au monde entier une preuve de la loyauté haïtienne, de mon amour pour la concorde, que je serai disposé à faire revivre l'offre d'une indemnité, raisonnablement calculée, qu'avait faite mon prédécesseur à l'époque de la première mission que la France envoya ici, et qui fut écartée en 1816, dans le cas que S. M. T. C. reconnaîtrait la nation haïtienne, comme elle l'est de fait, libre et indépendante ; alors, le commerce français pourra être, en Haïti, traité sur le pied de l'égalité avec celui des nations qui y sont le plus favorisées ; mais il sera bien entendu que la République d'Haïti conservera une neutralité parfaite dans toutes les guerres que les puissances maritimes se feraient entr'elles (1).

Voilà, monsieur le Préfet, les seules bases sur lesquelles il est possible de conclure un arrangement avec le gouvernement de France, et qui, je l'espère, seront adoptées, parce que S. M. Louis XVIII et les Princes de sa famille sont trop éclairés, trop religieux,

(1) Si le ministère français s'était expliqué aussi franchement et d'une manière aussi invariable, la reconnaissance de l'Indépendance d'Haïti auroit été consacrée depuis longtems, ou il n'en serait plus question.

pour ne pas saisir cette circonstance, laquelle, en répandant sur leur nom une gloire éternelle et en attirant sur eux les bénédictions du ciel, procurera au commerce français les plus grands avantages.

Quant à vous, monsieur le Prefet, je ne saurais trop louer le zèle qui dirige vos démarches en faveur de l'Indépendance d'Haïti : votre constance, votre loyauté, dans cette importante affaire, vous mériteront la reconnaissance à laquelle ces vertus vous donnent droit.

Recevez, monsieur le Prefet, les nouvelles assurances de la considération bien distinguée avec laquelle j'ai l'honneur de vous saluer.

BOYER.

E.

Liberté, RÉPUBLIQUE D'HAYTI. Egalité.

Au Cap-Haïtien, le 16 Mai 1821, an 18 de l'Indépendance.

JEAN-PIERRE BOYER, Président d'Haïti,

A Monsieur le Conseiller-d'Etat Esmangart, Préfet de la Manche.

Monsieur le Préfet,

Je vous ai fait connaître, par le retour de M. Aubert qui est parti d'ici pour se rendre près de vous, et en réponse à votre dernière lettre, les seules bases sur lesquelles il me serait possible d'entamer des négociations relativement à la reconnaissance de l'Indépendance d'Haïti par le gouvernement français : la haute considération que votre zèle, dans cette importante cause, ma inspirée pour votre personne, m'engage à penser que vous pourrez être utile en faveur de cette indépendance, en éclairant le Conseil de S. M. T. C., le Roi lui-même et les princes de sa famille, sur les intérêts actuels de la France et de ce pays. Vous avez été à même, dans votre mission de 1816, de juger quel est le vœu des citoyens de la République, et si, sans se bercer d'une chimérique illusion, on pouvait croire à la possibilité de porter la moindre atteinte à la plénitude des droits dont ils jouissent, et de faire dévier le gouvernement de la marche que lui a tracée l'opinion du peuple ; car vous n'ignorez pas sans doute qu'une nation puissante eût déjà sanctionné notre Indépendance, si nous avions consenti d'accepter la protection qu'elle nous a fait offrir : à cet égard, je vous rends la justice d'être persuadé que vous êtes fixé personnellement, monsieur le Préfet, et que vous n'avez pas peu contribué, par des exposés vrais, à ramener les dispositions favorables dont M. Aubert a été chargé de m'entretenir de votre part.

La paix intérieure qui vient d'être rendue à la République et la réunion de tous les Haïtiens sous les mêmes lois, font désirer à chacun, simultanément, de voir des rapports d'amitié, des relations de commerce s'étendre au dehors ; et, quoique indépendans par le fait, ils verraient avec plaisir les nations de l'Europe approuver le courage avec lequel ils ont défendu leur liberté et la modération qu'ils ont montrée en s'imposant la loi, dans leur Constitution, de n'entreprendre aucune guerre qui n'aurait pas eu pour but le salut de l'Indépendance du pays. On doit donc présumer que celle d'entr'elles qui, la première, consacrera authentiquement cette Indépendance, aurait des droits privilégiés à la reconnaissance du peuple ; mais il ne faut pas perdre de vue que toute autre voie serait inutile, et qu'en cherchant des sentiers tortueux on s'écarterait de la route qui, seule, peut mener à une réconciliation sincère, à un traité définitif.

Le souvenir de la conduite de l'Angleterre envers les Etats-Unis d'Amérique, qui fesaient partie intégrante du territoire de ce Royaume et qui forment aujourd'hui une puissance indépendante, vient se placer ici naturellement : l'émancipation des Américains n'est-elle pas un beau titre de gloire pour Georges III, et les efforts que la France fit de son côté pour assurer les triomphes de Washington n'ont-ils pas illustré le règne de Louis XVI??...... Frappés de cet exemple, les Haïtiens se demandent souvent pourquoi cette dernière puissance hésite à renoncer à de vains droits pour recueillir des avantages plus honorables?... La différence de l'épiderme serait-elle le motif de cette hésitation? (1) Il me semble que la nation française est trop éclairée pour se laisser encore diriger par ce ridicule préjugé : d'ailleurs, la haute idée que j'ai des vertus de S. M. T. C., m'empêche non-seulement de m'arrêter à ce doute, mais elle me fait concevoir, au contraire, l'espoir que bientôt il n'y aura plus d'obstacle à la reconnaissance de l'Indépendance d'Haïti.

Il vous est réservé, monsieur le Préfet, de concourir à opérer ce grand œuvre : votre opinion sera pour beaucoup dans la balance, et j'apprendrai avec le plus vif intérêt que vous n'aurez rien negligé pour achever ce que vous avez commencé.

Agréez, monsieur le Préfet, les sentimens bien distingués avec lesquels j'ai l'honneur de vous saluer.

BOYER.

F.

Liberté, RÉPUBLIQUE D'HAYTI. Egalité.

Port-au-Prince, le 5 Mai 1823, an 20 de l'Indépendance.

JEAN-PIERRE BOYER, Président d'Haïti,

Au général J. Boyé.

La confiance que j'ai, Général, dans vos principes

---

(1) C'est, il faut le dire, le seul motif : les peuples éclairés prononceront sur son mérite.

aussi bien que dans votre dévouement à la cause sacrée d'Haïti, me porte à vous charger de faire, en France, à qui de droit, les ouvertures nécessaires dans le but de parvenir à obtenir de S. M. Très-Chrétienne, la reconnaissance solennelle de l'Indépendance nationale du peuple haïtien ; vous connaissez trop bien la situation dans laquelle se trouve la République pour necessiter des détails sur ce qui regarde les droits que peuvent avoir les Haïtiens pour obtenir la formalité de cette reconnaissance, lorsqu'ils sont en possession absolue, depuis vingt ans, de l'Indépendance. Vous devez toujours bien vous pénétrer qu'il est de toute impossibilité de faire un seul pas rétrograde de la position dans laquelle les faveurs du Tout-Puissant ont placé cette île ; vous devrez aussi faire attention qu'il ne serait pas possible d'avoir d'autres relations avec la France que sous le rapport du commerce qui procurera les plus grands avantages à ce Royaume.

Je vous donne en conséquence, par la présente, Général, les pouvoirs nécessaires pour, d'après vos instructions, entamer les susdites ouvertures, à l'effet de parvenir à la conclusion d'un traité de commerce qui devra avoir pour base la reconnaissance de l'Indépendance d'Haïti. Il vous est particulièrement recommandé de faire vos efforts pour atteindre le but de cette négociation dans le délai d'un mois au plus, après l'avoir entamée, afin, à cette époque, de m'informer du résultat. Cette importante affaire devra être secrète en attendant la ratification. Je ne doute pas que vous ne réussissiez aisément à convaincre le gouvernement français de la justice qu'il y aurait de sa part à proclamer la reconnaissance qui est demandée et des avantages qu'il assurera, en le fesant, à son commerce maritime.

Je m'en rapporte, Général, à votre prudence aussi bien qu'à votre zèle pour tout ce qui regarde les intérêts de la patrie; vous recommandant de ne point perdre une seule occasion pour me faire connaître l'issue de la mission qui vous est confiée.

Recevez, Général, l'assurance de ma considération distinguée.

BOYER.

Amsterdam, le 5 Septembre 1823.

A S. Exc. le Président de la République d'Haïti.

Président,

Arrivé dans la rade du Texel, après une traversée de 50 jours, que les vents contraires ont prolongée, ce n'est que le 2 juillet que j'ai pu atteindre Amsterdam. Convaincu, par de mûres réflexions, que le parti d'entamer la négociation, du lieu même de mon débarquement, était préférable, sous plusieurs rapports, à celui de me rendre d'abord directement en France, je m'empressai d'annoncer l'objet de ma mission. Avant d'entrer dans des détails, et de communiquer à Votre Excellence mes observations sur le résultat qu'elle a eu jusqu'ici, je dois mettre sous ses yeux la correspondance à laquelle elle a donné lieu. Pour conserver plus de liaison à l'ensemble, je transcris ici cette correspondance dans le corps même de ma dépêche.

Amsterdam, le 4 Juillet 1823.

A S. Exc. le Marquis de Clermont-Tonnerre, Ministre de la marine et des colonies, à Paris.

Le gouvernement haïtien m'ayant chargé, dans le temps, de présenter quelques propositions au ministère russe, cette ouverture fut communiquée, à l'époque du congrès de Laybach, à S. Exc. M. le comte de la

Ferronnays. Par suite de cette communication, le Président d'Haïti, auquel je rendis compte de cet incident, jugea à propos de m'appeler auprès de lui. Parti, en conséquence, l'an dernier, de St. Pétersbourg pour le Port-au-Prince, je suis de retour en Europe avec les pouvoirs et les instructions nécessaires pour terminer les différends qui existent entre la France et Haïti.

J'ai l'honneur d'adresser ci-joint à V. Exc. une copie de ces pouvoirs.

Afin de prévenir les obstacles qui pourraient nuire au succès de cette négociation, d'éloigner d'elle toute intrigue, et de laisser au gouvernement français l'entière liberté de la conduire conformément à ses propres vues, il m'a été particulièrement recommandé de tenir ma mission secrète, et de ne former aucune espèce de liaison avec des hommes d'aucun parti. Connu en France de plusieurs personnages qui s'occupent des colonies, et qui n'ignorent ni mon voyage à Haïti, ni la confiance dont m'honore le Président, j'ai dû craindre que, malgré toutes les précautions, mon arrivée à Paris n'y excitât de vifs soupçons sur la nature de l'objet que j'ai à remplir, et ne contrariât, par conséquent, le but de mes instructions. C'est cette crainte qui me détermine à faire cette communication à V. Exc., avant de quitter Amsterdam où je viens de débarquer, et où j'attendrai qu'elle m'informe de ses intentions, relativement aux moyens qui seraient jugés les plus propres à conduire l'affaire à une heureuse issue.

V. Exc. approuvera, sans doute, les motifs de ma détermination, et sentira l'avantage de dégager la marche de cette négociation de tout embarras et de toute influence, en la traitant loin du choc d'intérêts divers. Si telle est, en effet, l'opinion de V. Exc., et qu'elle croie devoir donner suite à cette ouverture, sans qu'il soit jugé expédient que je me rende à Paris, je serai prêt à recevoir, soit ici, soit à Bruxelles, Hambourg, St. Pétersbourg, ou tout autre lieu qui me serait désigné, les propositions qui pourront m'être faites par les personnes chargées de pouvoirs de la part du gouvernement français, comme à faire connaître celles que mes instructions rendront admissibles. Dans le cas, enfin, où V. Exc. penserait que ma présence à Paris pourrait être utile, sans qu'il en résultât d'inconvénient, je m'empresserais de m'y rendre.

La position et le caractère du Président d'Haïti s'accordant pour ne lui conseiller d'autre marche que celle d'une politique franche et ouverte, il m'a ordonné de ne point cacher à V. Exc. qu'il ne tient qu'à lui de terminer avec d'autres puissances des négociations dont la conclusion ne pourrait qu'affecter essentiellement les intérêts du commerce français, puisqu'il serait désormais impossible de le faire jouir des mêmes avantages que d'autres se seraient assurés, les premiers : avantages que le Président d'Haïti a le désir sincère de reserver pour la France, et qu'il n'aura point à se reprocher, d'après sa présente démarche, de lui avoir fait perdre, si le gouvernement français persiste à refuser son assentiment à ce qu'il ne peut plus empêcher.

Il m'a été également enjoint de déclarer que le gouvernement haïtien croit avoir donné d'assez fortes preuves de sa modération et de ses vues conciliatrices, en admettant si long-temps dans ses ports et sur son territoire des navires et des sujets français, quoiqu'il ait toujours été parfaitement instruit des projets hostiles qu'on n'a cessé de méditer contre lui. Un pareil échange de dispositions amicales, d'un côté, et de malveillance de l'autre, est trop inégal et blesse trop les droits d'une juste réciprocité, pour que le Président d'Haïti ne se voie pas dans la nécessité, quoiqu'à regret, d'y mettre enfin un terme. En conséquence, je ne dois pas laisser ignorer à V. Exc. que, si ma mission est sans succès, les navires français, sous quelque pavillon qu'ils se présentent, ou de quelque masque qu'ils se couvrent, ne seront plus reçus dans les ports d'Haïti.

Je prie V. Exc. de ne donner à ce langage aucune interprétation défavorable. Je désavoue d'avance toute idée de provocation ou de menace. Le Président d'Haïti, en me commandant de faire cette déclaration, n'a eu d'autre intention que celle d'instruire, à temps et franchement, le gouvernement français d'une mesure que les intérêts du pays, dont la destinée lui est confiée, ne lui permettent plus de différer.

Le Président d'Haïti pressé, d'autre part, de se prononcer sur les propositions qui lui sont faites, et dont il n'a suspendu l'effet que pour donner au gouvernement français une nouvelle preuve de son désir d'entretenir avec la France des liaisons que tout doit concourir à rendre réciproquement avantageuses, a besoin d'être promptement fixé sur le résultat de la présente ouverture. Je dois donc désirer ardemment que V. Exc. veuille bien ne pas apporter un trop long délai à m'honorer d'une réponse.

J'ai l'honneur d'être etc.

(Signé) J. Boye.

Paris, le 21 Juillet 1823.

Monsieur le Général,

J'ai reçu la lettre que vous m'avez fait l'honneur de m'écrire d'Amsterdam, en date du 4 juillet. J'accepte la proposision que vous me faites de vous rendre à Bruxelles pour vous y entretenir avec une personne qui serait investie de ma confiance. Veuillez en conséquence me faire savoir à quelle époque vous y serez et me donner en même temps votre adresse. La personne que je suis dans l'intention d'y envoyer s'y rendra près de vous aussi-tôt que j'aurai reçu votre lettre.

Recevez, monsieur le Général, l'assurance de ma considération distinguée.

(Signé) CLERMONT-TONNERRE

Amsterdam, le 29 juillet 1823.

Monsieur le Marquis,

Ce n'est qu'aujourd'hui, 29 juillet, que je reçois la lettre que V. Exc. m'a fait l'honneur de m'écrire, en date du 21. V. Exc. peut, dès la réception de la présente, expédier la personne investie de sa confiance ; elle me trouvera à Bruxelles, à l'hôtel de Bellevue.

J'ai l'honneur d'être, etc.

(Signé) J. BOZE.

Paris, ce 8 Août 1823.

Monsieur le Général,

Sous très-peu de jours je serai à Bruxelles. Je partirai probablement d'ici, dimanche ou lundi. Mon voyage a pour but de traiter avec vous l'affaire importante dont vous êtes chargé. J'ai pris connaissance de la lettre dans laquelle vous annoncez votre arrivée. J'ai autant que vous, j'ose vous l'assurer, le désir d'arriver à une conclusion heureuse et prompte, et je ne doute pas que notre entrevue n'amène ce résultat. Je descendrai aussi à l'hôtel de Bellevue, et j'aurai, dès mon arrivée, l'honneur de vous voir.

Je saisis cette occasion pour vous offrir, Monsieur, l'assurance de ma très-haute considération.

(Signé) ESMANGART.

Les relations que je savais que M. Esmangart avait toujours cherché à entretenir avec Votre Excellence, m'ont facilement expliqué le choix que le ministre avait fait de lui, et je pense que vous n'en aurez pas été plus surpris vous-même. M. Esmangart n'est arrivé que le 16 août à Bruxelles, et en est reparti le 22. Je n'ai pu m'empêcher de lui témoigner l'impatience où j'étais de le voir arriver, et de lui parler même du peu d'empressement que le ministre avait paru mettre dans cette affaire, en ne répondant que le 21 juillet à ma dépêche du 4. Il a donné pour excuse à tous ces délais son absence de Paris; il était à sa préfecture, et, pour laisser tout en ordre, il n'a pu la quitter que plusieurs jours après avoir reçu l'avis du ministre. Nos conférences, pendant son séjour à Bruxelles, ont été journalières; toutes les questions relatives au but qu'il s'agissait d'atteindre, ont été agitées et débattues. Il n'y a plus de difficulté pour la reconnaissance de l'Indépendance, cette base n'est plus contestée. Il n'y a seulement qu'à s'entendre sur la forme et les conditions. Quant à la forme, on affecte de voir de l'humiliation dans une reconnaissance formellement stipulée par un article spécial du traité. On désirerait que vous vous contentassiez de la reconnaissance implicite qui résulterait nécessairement d'un traité de puissance à puissance, et l'on m'a cité, à cet égard, le premier traité entre l'Angleterre et les Etats-Unis. Sans pouvoir disconvenir qu'un traité entre la France et la République d'Haïti ne fût, en effet, une reconnaissance d'Indépendance, j'ai persisté à en demander une déclaration explicite, en alléguant que je n'étais point autorisé à transiger sur ce point, et que cette stipulation me paraissait, d'ailleurs, devoir indispensablement entrer dans le corps même du traité, pour écarter des esprits du peuple haïtien tout soupçon d'arrière-pensée. On m'a demandé, enfin, si l'article de la reconnaissance ne pouvait pas être placé à la fin du traité, au lieu de l'être au commencement; j'ai répondu que ce serait intervertir l'ordre des idées et des choses ; que la reconnaissance étant la base sur laquelle serait fondé tout traité, il était naturel que cet article y figurât en tête. Les objections, à cet égard, n'ont pas été poussées plus loin.

En traitant la question de la réciprocité pour l'admission du pavillon et des sujets respectifs, M. Esmangart n'a pas manqué d'observer que les colonies françaises ne pouvaient y être comprises. Il m'a trouvé docile sur cette restriction, puisque je sais qu'elle n'est point contraire à vos vues. J'ai, cependant, accompagné mon assentiment des réserves nécessaires.

En parlant de la nature des rapports entre les deux pays, après la conclusion du traité, M. Esmangart semblait vouloir me faire entendre qu'il suffirait, pour les entretenir, d'employer des agents commerciaux ; sous la dénomination ordinaire de Consuls. Je l'ai prié de s'expliquer ouvertement à ce sujet ; sa réponse m'a convaincu que le préjugé de la couleur, déguisé sous le nom de convenances, exerçait encore puissamment sur ces Messieurs son influence ridicule, et que l'exception que l'on cherchait à introduire dans les rapports des deux États indépendants et liés par un traité, n'était due qu'à la crainte de se trouver en regard avec un homme jaune ou noir (1). En repoussant, comme je le devais, des raisonnemens futiles, j'ai fait sentir à M. Esmangart que vouloir la cause, c'était admettre l'effet, et que, puisque l'envoi et l'entretien permanent d'agents, non seulement commerciaux, mais encore diplomatiques, étaient la conséquence nécessaire d'un traité entre deux puissances, il fallait bien, s'ils voulaient se lier avec le gouvernement d'Haïti, qu'ils consentissent à recevoir de sa part, conformément aux usages de toutes les autres nations, des hommes chargés de surveiller ses intérêts, et d'entretenir l'harmonie entre les deux états.

(1) C'est donc là toujours la pierre d'achoppement !!

Ces points préliminaires paraissant être réglés, nous sommes revenus sur la question principale des indemnités, que nous avions eu déjà l'occasion d'entamer plusieurs fois, et qui se présente toujours comme l'obstacle capital. M. Esmangart prétend que vous avez accédé à cette base dans vos communications avec M. Aubert du Petit-Thouars. Ma réponse à sa dernière lettre de Paris, du 27 août, est le résumé succinct, mais précis, des argumens dont j'ai fait usage pour réfuter cette prétention. Lorsqu'il fut enfin bien convaincu que je ne me relâcherais en rien sur la détermination que vous avez prise, il desira que je m'expliquasse sur ce que j'entendais par des compensations équivalentes à une indemnité. J'offris alors la réduction des droits d'importation à six pour cent, en faveur de la France. Cette offre lui parut très insuffisante, et il chercha à en atténuer l'importance par des calculs inexacts que je relevai, et par la considération que ce que je présentais comme une si grande faveur, serait probablement accordé à d'autres; que ce ne serait plus, par conséquent, un avantage pour la France, et il cita les Anglais. Je répliquai que quelle que fût à l'avenir la détermination du gouvernement haïtien à cet égard, il n'en resulterait pas moins un grand avantage pour la France, puisque, indépendamment du bénéfice réel d'une moitié des droits, son commerce, dont les relations avec Haïti ne seraient plus incertaines et précaires comme aujourd'hui, y aurait bientôt acquis une extension considérable. Après tous les autres développemens dont la question était susceptible, j'en restai là dans cette conférence. Le lendemain le sujet fut repris, et voyant M. Esmangart bien décidé à ne pas se contenter de mon offre, je lui dis que, pour donner une preuve non équivoque du désir que je vous connaissais de vivre en bonne intelligence avec la France et de favoriser le commerce français, j'allais faire un grand pas de plus, pour lequel j'espérais que vous ne me désapprouveriez pas, mais qu'il me serait de toute impossibilité d'aller au-delà. J'offris alors l'exemption de tous droits d'importation, pendant l'espace de cinq années. Il parut frappé de cette nouvelle offre, et sans avoir l'air de la rejeter, il se contenta de me demander, avec l'apparence du doute, s'il vous serait bien facile de remplir cette condition. Je répondis que vous ne ratifieriez d'autres engagemens que ceux que vous seriez bien sûr de pouvoir tenir, et que, quelque grand que fût le sacrifice, une fois décidé, il serait scrupuleusement accompli. Nous convînmes alors que je dresserais une note des principales bases que j'étais autorisé à admettre, et qu'il la soumettrait à son gouvernement. Je lui remis donc la note suivante :

BASES DU PROJET DU TRAITE.

Le roi de France renonçant à toutes prétentions sur l'île d'Haïti (ci-devant St. Domingue), reconnaîtrait, tant pour lui que pour ses successeurs, la pleine et entière indépendance de la République d'Haïti.

Le pavillon des deux nations serait réciproquement admis dans les ports ouverts des deux états.

Ne seraient point comprises dans la précédente disposition les colonies françaises, avec lesquelles le gouvernement haïtien s'engagerait à n'avoir aucune communication ; bien entendu, toutefois, que le gouvernement français prendrait, de son côté, les mesures nécessaires pour que les dépositaires de son autorité dans lesdites colonies, respectassent, en ce qui les concernerait, et fissent respecter par leurs subordonnés, les territoires et le pavillon de la République d'Haïti.

Le Président d'Haïti s'engagerait à exempter de tous droits d'importation, pendant l'espace de cinq années, les marchandises françaises importées dans les ports d'Haïti par des navires français.

A l'expiration du terme des cinq années d'exemption, les droits d'importation, pour les marchandises importées dans les ports d'Haïti par des navires français, seraient et demeureraient fixés à six pour cent sur la valeur, au lieu de douze, c'est-à-dire réduits de moitié (2).

Les produits du sol d'Haïti importés dans les ports de France par des navires haïtiens, et les marchandises exportées de France par lesdits navires, paieraient les droits d'importation et d'exportation sur le pied des nations les plus favorisées.

Les bâtimens de guerre jugés nécessaires à la protection du commerce, seraient réciproquement reçus dans les ports des deux nations, et traités conformément aux usages pratiqués entre peuples amis.

L'envoi réciproque d'agens politiques et commerciaux étant la conséquence nécessaire d'un traité entre deux puissances, les deux parties contractantes pourraient, quand elles le jugeraient convenable, envoyer et entretenir, l'une auprès de l'autre, des agens diplomatiques et commerciaux, qui jouiraient, en leur qualité, des prérogatives garanties par le droit des gens, etc. etc., etc.

J'ajoutai en note, au bas du projet, le résumé suivant des raisonnemens que j'avais employés avec M. Esmangart, pour faire ressortir la valeur de ces concessions :

Nota. En 1822, la France est entrée pour quinze millions de francs dans le commerce d'Haïti. On ne pourrait être taxé d'exagération en avançant que, libre de toute entrave et de toute incertitude, le commerce français, dès la première année, doublera ses spéculations. Mais en ne fixant sa part qu'à vingt-cinq millions par an, il est évident que les concessions proposées équivalent, pour Haïti, à un sacrifice de trois

(2) Ces propositions ne renferment-elles pas une assez belle indemnité? voilà pourtant les avantages dont le commerce français se trouve privé.

millions par an, en faveur de la France, pendant les cinq années d'exemption; et, pour toutes les autres années subséquentes, par la réduction des droits à six pour cent, à un sacrifice annuel d'un million et demi. C'est au gouvernement français à faire de ces immenses avantages l'application qu'il jugera convenable.

Il fut alors résolu, entre nous, afin de développer avec plus de détail et de précision, qu'il ne pourrait le faire par la correspondance, toutes les circonstances de notre entrevue, M. Esmangart partirait de suite pour Paris, et qu'il m'instruirait sans delai, soit personnellement, soit par écrit, du parti qu'adopterait son gouvernement. Ce parti, sa lettre du 27 août va vous le faire connaître.

Paris, le 27 Août 1823.

Monsieur le Général,

J'ai rendu compte, en arrivant ici, du résultat de nos conférences. Le gouvernement du Roi persistera à s'en tenir aux offres qui nous avaient été faites. Ce qui a été trouvé juste alors, l'est encore aujourd'hui, et personne n'a compris cette variation puisqu'on annonçait le désir de finir.

Je regrette bien en mon particulier, monsieur le Général, que vos pouvoirs n'aient pas été aussi étendus que les miens (3). J'étais parti d'ici dans la confiance qu'enfin tous nos débats allaient avoir leur terme; et je n'ai pas été peu surpris de voir la discussion se reporter sur un point qui avait été débattu et admis, et qui devait être le *sine quâ non* de tout arrangement.

Si le gouvernement d'Haïti revient aux principes qu'il

(3) Nous regrettons, de notre côté, que cette brusque rupture nous ait privés de la satisfaction de connaître l'étendue des pouvoirs du négociateur français.

reconnaissait naguères comme les seules bases sur lesquelles il était possible de conclure, il trouvera le gouvernement du Roi disposé à l'entendre.

Je suis avec une très haute considération, monsieur le Général, etc., etc.

(Signé) ESMANGART.

Bruxelles, 31 Août 1823.

Monsieur le Conseiller-d'Etat,

J'ai reçu la lettre que vous m'avez fait l'honneur de m'écrire de Paris, en date du 27 de ce mois.

Il serait difficile de comprendre ce que vous entendez par *les offres qui vous avaient été faites.* A aucune époque, depuis votre mission, il n'y a eu, jusqu'ici, de rapports officiels entre les deux gouvernements. Ce qui a pu être dit ou écrit à des agents non avoués, ne saurait, en aucun temps, être réclamé comme base d'un arrangement définitif. D'ailleurs, si le Président actuel d'Haïti a parlé d'indemnités, comme vous me l'avez assuré, je n'ai aucun doute qu'il n'ait été mal compris, et qu'on n'ait faussement interprété ses expressions. Il n'a pu jamais être question, de sa part, d'indemnités *directes*, soit envers les anciens colons, soit envers votre gouvernement. Dans ces sortes de communications, qui n'étaient revêtues d'aucun caractère et desquelles, par conséquent, on ne peut rien arguer, le mot vague d'indemnités ne devait s'appliquer qu'à des compensations du genre de celles que j'ai été chargé de vous offrir, et qui ne sont, en effet, autre chose qu'une véritable indemnité.

Le reproche de variation n'est donc pas fondé; il ne le serait pas même davantage, quand les offres prétendues vous auraient été officiellement et réellement faites dans le sens qu'on leur suppose. Si ces offres vous convenaient, que ne les acceptiez-vous alors? Pourquoi ne pas poursuivre les avantages d'une concession qui entrait si bien dans vos vues? Des années se sont écoulées, vous avez gardé le silence. Aurait-on pu, dans l'hyppothèse, donner à ce silence d'autre interprétation que celle d'un refus, et ce refus, en rompant la négociation, n'aurait-il pas laissé aux deux parties le droit incontestable d'en établir une nouvelle sur de tout autres bases, sans pouvoir être accusées de variation? Le temps, les circonstances peuvent, vous le savez, apporter chaque jour des modifications dans les projets et les résolutions d'un gouvernement; et, en matière de négociation, c'est l'occasion qu'il faut saisir, car nul ne peut légitimement requérir, le lendemain, l'accomplissement de ce qu'il a rejeté la veille.

Les propositions que j'ai eu l'honneur de vous faire, sont donc les seules, en ce qui concerne Haïti, qui puissent être actuellement l'objet des considérations du gouvernement français, parce qu'elles seules portent le caractère convenable à de pareilles transactions. C'est à ce gouvernement à peser, dans sa sagesse, si elles s'allient, ou non, avec ses véritables intérêts.

Vous regrettez, Monsieur, que pour terminer nos débats, mes pouvoirs n'aient pas été aussi étendus que les vôtres. Je crois mes instructions suffisantes pour applanir nos différends à l'avantage réciproque des deux parties; et je dois vous avouer, à mon tour, que je ne saurais voir une grande latitude dans des pouvoirs qui se renferment dans une condition, toujours contestee et à jamais inadmissible, comme le *sine quâ non* de tout arrangement.

J'ai lieu d'être d'autant plus peiné moi-même de ce défaut d'entente, que j'ai la certitude qu'une mésintelligence jusqu'ici, pour ainsi dire, négative, va nécessairement prendre un aspect plus grave. L'aigreur qui ne peut manquer d'en être la suite, éloignera tout rapprochement, et comme il faut, cependant, que tout ait un terme, des concessions qui, sans avoir rien d'humiliant, auraient pu, de part et d'autre, ne paraître que volontaires, seront sans doute un jour, mais avec bien moins d'avantages, prescrites par la nécessité à l'obstination imprévoyante, de quelque côté qu'on la suppose.

Je pars, Monsieur, pour St. Pétersbourg avec le regret de n'avoir pu faire accueillir des propositions que la situation respective de la France et d'Haïti semblait devoir leur rendre également acceptables. Si vous croyez avoir à me faire quelque communication relative aux intérêts des deux pays, je serai toujours disposé, en tout ce qui dépendra de moi, à concourir à son succès.

Je suis, etc.

(Signé) J. BOYE.

Ma présence n'étant plus utile ici, je vais partir pour me réunir à ma chère famille dont j'ai heureusement reçu des nouvelles satisfaisantes qui étaient bien nécessaires à ma tranquillité. La saison trop avancée ayant mis fin aux expéditions pour la Baltique, je suis obligé d'entreprendre, par terre, un voyage long, dispendieux et pénible. J'espère arriver à St. Pétersbourg vers la fin de ce mois.

Votre Excellence connaît mon dévouement à sa cause et à sa personne; il sera toujours le même jusqu'à mon dernier moment.

J. BOYE.

II.

Paris, le 25 Août 1823.

Monsieur le Président,

Je crois devoir vous entretenir de ce qui vient de se passer entre monsieur le général Boyé et moi.

Le 10 juillet dernier, le gouvernement reçut de lui l'annonce qu'il venait d'arriver à Amsterdam et qu'il était muni de vos pouvoirs pour terminer les différends qui existent entre Haïti et la France. Il proposait au ministre d'envoyer soit à Amsterdam, soit à Hambourg ou Bruxelles, quelqu'un avec qui il pourrait entrer en négociation, afin d'arriver à *la reconnaissance de l'Indépendance et à la conclusion d'un traité de commerce*. Il n'indiquait pas les bases sur lesquelles pourrait se faire le traité : (1) mais elles se trouvaient tracées dans la lettre que vous m'avez fait l'honneur de m'écrire en réponse de celle que j'avais chargé

---

(1) Nous renvoyons aux *bases du projet de traité* proposées par le général Boyé.

M. Aubert du Petit-Thouars de remettre à Votre Excellence. Vous me disiez: *Pour donner au monde entier une preuve de la loyauté haïtienne, et de mon amour pour la concorde; je serais disposé à faire revivre l'offre d'une indemnite raisonnablement calculée qu'avait faite mon prédécesseur; à l'époque de la mission que la France envoya ici, et qui fut écartée en* 1816, *dans le cas où S. M. T. C. reconnaîtrait la nation haïtienne libre et indépendante, etc. etc.* (1)

Le gouvernement du Roi ne dut pas douter, d'après l'annonce faite par M. le général Boyé, qu'il n'eût les pouvoirs nécessaires pour traiter sur ces bases. Il me chargea de pouvoirs en conséquence, et je me rendis à Bruxelles dès que j'eus mis l'ordre nécessaire dans l'administration qui m'est confiée.

Dès ma première entrevue avec M. le général Boyé, j'eus lieu de craindre que nous ne pussions pas nous entendre. Il m'annonça, avant même que nous ne fussions entrés en matière, qu'il n'était autorisé à traiter que sur des questions commerciales; et qu'il fallait renoncer à toute demande raisonnable d'indemnités, en me disant même d'une manière trop empressée, que si le traité ne se faisait pas sur les bases posées dans ses instructions, Haïti était décidée à se mettre sinon en état d'hostilité ouverte contre la France, du moins à prendre des mesures indirectes pour que toute communication cessât avec elle. Comme nous n'étions pas là pour énumérer les forces des deux pays, ni pour discuter leurs moyens d'attaque ou de défense, je me contentai de lui donner connaissance des bases que vous m'aviez vous-même indiquées dans votre lettre du 10 mai 1821, comme étant, me disiez-vous, *les seules sur lesquelles il était possible de conclure.* Comme ces bases n'avaient rien qui ne fût acceptable, qu'elles conciliaient toutes les prétentions, je lui offris de les admettre et de traiter. Je lui réitérai cette offre dans

(1) Ces offres dont on fait dépendre ici uniquement la reconnaissance de notre Indépendance, sont restées néanmoins dans l'oubli depuis 1821 jusqu'en 1823.

plusieurs conférences : mais comme il persista toujours à me répondre qu'il avait la défense la plus expresse de parler d'indemnités ; et comme j'avais les ordres les plus positifs de ne pas traiter sans cette base, j'ai cru ne pas devoir lui faire connaître les propositions que j'étais chargé de faire, puisqu'il n'avait pas de pouvoirs pour les accepter ; nous nous séparâmes sans rien conclure.

Je ne saurais, monsieur le Président, vous exprimer combien j'ai été contristé de voir cette négociation finir ainsi, quand, d'après les pouvoirs qui m'étaient donnés, je devais espérer le résultat le plus satisfaisant pour les deux pays. (2) Depuis six ans je suis occupé de cette affaire, et c'est au moment où je croyais la négociation arrivée à son terme, que je vois tout d'un coup les prétentions changer, et que tout ce qui pouvait décider l'arrangement, se trouve écarté.

Le gouvernement du Roi, personne ne peut plus que moi, Monsieur le Président, vous en donner l'assurance, voyait avec une grande satisfaction la possibilité de terminer nos débats. Sa démarche dans cette circonstance en est une preuve irrévocable : mais il devait croire que votre négociateur serait muni de pouvoirs suffisans pour conclure d'après les bases annoncées par vous-même, et qu'il m'avait chargé d'adopter.

Le changement de position, le temps qui s'est écoulé depuis vos propositions, sont les motifs que Monsieur le général Boyé a mis en avant pour excuser cette variation. Ces motifs sont si futiles, qu'il ne m'a pas même paru raisonnable de les discuter : il eût été facile de démontrer que ce qui était utile alors, ne l'était pas moins aujourd'hui.

Si quelqu'un est venu à bout de persuader au gouvernement d'Haïti qu'il devait se montrer plus difficile et plus exigeant, il lui a rendu, j'ose le dire, un mauvais service ; car il est indispensable pour ce pays, s'il veut prendre la consistance qu'il peut acquérir un jour, qu'il

(2) Encore une fois, quels sont donc ces pouvoirs qui doivent tout conclure, et qu'on ne fait jamais connaître ?

soit fixé dans ses relations avec la France. Je n'entrerai dans aucun détail à cet égard, c'est une verité trop bien sentie par vous, Monsieur le Président, comme par tous les Haïtiens qui ont besoin de faire prospérer le commerce et d'augmenter la culture, sans craindre les nuages de l'avenir.

Le gouvernement du Roi ne veut que des conditions justes, modérées, telles enfin que vous avez paru vous-même les désirer; et il sera toujours disposé à traiter sur ces bases (3) : mais je crois devoir vous observer, Monsieur le Président, que si vous trouvez bon de revenir à vos premieres propositions, et si vous trouvez convenable de charger quelqu'un de cette importante négociation, il faudrait que ce traité fût sa principale affaire. M. le général Boyé avait ses affaires particulières qui le rappelaient, me disait-il, à Pétersbourg (4). La négociation d'Haïti semblait n'être qu'un incident, et vous sentez que le gouvernement ne pourrait aller le chercher à St. Pétersbourg pour suivre la négociation. Vous comprenez aussi, Monsieur le Président, qu'une affaire de cette importance ne se traite pas sans réflexion. La République d'Haïti a un assez grand intérêt à conclure, pour envoyer un fondé de pouvoirs *ad-hoc* (5), qui comprenne bien sur tout que ce n'est pas au moment où un arrangement peut se faire sur des bases durables, qu'on peut parler d'hostilités même indirectes, qui troubleraient peut-être d'une manière bien fâcheuse et pour toujours la bonne harmonie qui était à la veille de s'établir.

Mon attachement pour vous, Monsieur le Président, celui que je n'ai cessé de porter aux habitans d'Haïti, me donnent quelques droits de vous parler avec cette franchise. Le sort du pays que vous gouvernez est dans vos mains ; il serait probablement fixé depuis huit jours, si la personne chargée de vos pouvoirs avait voulu adopter

---

(3) C'est ce que la suite ne nous a pas appris.

(4) Le rapport (G.) du général Boyé réfute suffisamment cette assertion.

(5) Nous renvoyons les lecteurs à la pièce (F.) qui les mettra à même de juger si notre agent n'avait pas des *pouvoirs ad-hoc*.

les bases que vous aviez indiquées. Il dépend complètement de vous de finir cette affaire et de fixer ainsi la destinée de votre pays; et je serai heureux, soyez en sûr, si je puis coopérer à obtenir ce résultat.

Je suis avec respect,

Monsieur le Président,

Votre très humble et très obéissant serviteur,

ESMANGART.

J.

Paris, le 26 Octobre 1823.

Monsieur le Président,

J'ai l'honneur de vous envoyer copie de la lettre que j'ai écrite au général Boyé à Bruxelles, et de la réponse qu'il m'a faite.

Je lui disais, comme Votre Excellence le verra, que le gouvernement du Roi était prêt à entrer en négociation, en prenant pour bases les offres d'indemnités qui nous avaient été faites par vous même. Il prétend que ces offres n'ont jamais été faites, ou qu'elles ont été mal comprises. J'ai sous les yeux votre lettre: M. le général Boyé n'en avait probablement pas la copie, car il l'aurait comprise comme nous la comprenons; mais il semble croire que tout ce qui est antérieur aux bons offices qu'il veut vous rendre doit être oublié, et que les bases qu'il vient nous établir doivent être seules discutées. Il paraîtrait qu'il a fait adopter ces bases au gouvernement d'Haïti, et que tout ce qui peut avoir été dit et fait, antérieurement à son arrivée, dans cette affaire, devrait être considéré comme non avenu. Il ne s'apperçoit pas que si son raisonnement était vrai pour Haïti, il le serait aussi pour la France, et qu'alors il faudrait remettre en discussion toutes les demandes, toutes les prétentions, tous les droits, tous les intérêts, dont nous ne parlions plus. Que si Haïti revient sur ce qui avait été offert, la France, par la même raison, discutera ce qu'elle était disposée à abandonner; et qu'avec une telle manière de négocier, nous n'arriverons jamais au terme (1).

Cette lettre du général Boyé, monsieur le Président, mérite toute votre attention. Elle a donné lieu ici à plus d'une observation. On a vu un étranger partir du Nord de l'Europe pour aller s'immiscer dans une affaire que vos propres lumières avaient jusqu'ici habilement dirigée (2). Je crains bien qu'il ne vous ait donné des espérances qui ne se réaliseront pas. Et si, par une fausse manœuvre, il vous fait dévier de la route la plus directe dans laquelle vous étiez embarqué, il vous empêchera d'arriver au port que vous touchiez, et près duquel se trouvaient des pilotes sûrs qui avaient le désir de vous y faire entrer (3).

Rapportez-vous en à moi, monsieur le Président; conservez avec la France la position que vous avez; et, quand vous voudrez traiter, le gouvernement du Roi, quelque chose qu'aient pu vous dire ses ennemis, sera juste et modéré dans ses conditions, et il saisira même avec joie l'occasion de finir des débats qui, sans l'inquiéter, l'incommodent, et qui troublent votre pays d'une manière fâcheuse pour sa prospérité. Il est plus important que je ne puis vous le dire, que celui qui pourra être chargé de vos intérêts, ne soit pas, par sa position, indifférent au résultat de la négociation. Si je suis assez heureux pour vous convaincre, je me chargerai volontiers de faire connaître au gouvernement tout ce que la personne revêtue de votre confiance pourra venir proposer.

Je suis avec respect,

Monsieur le Président,

Votre très humble et très obéissant serviteur,

ESMANGART.

---

(1) Nous prenons acte de cette déclaration.

(2) Ce général a justifié à nos yeux la confiance qui avait été placée en lui : cela nous suffit.

(3) Nous nous sommes adressés dernièrement à ces pilotes; et nous n'en avons pas moins échoué.

K.

Saint-Lô, ce 7 Novembre 1823.

Monsieur le Président,

Monsieur Laujon, qui remettra cette lettre à Votre Excellence, est chargé du duplicata de celle que j'ai eu l'honneur de vous écrire après mon entrevue avec M. le général Boyé, à Bruxelles. M. Laujon vous dira, Monsieur le Président, tout ce que je ne puis vous écrire. Il vous parlera surtout du regret que j'ai éprouvé en voyant manquer une négociation qui devait décider la grande question de l'Indépendance. Il vous dira aussi que les dispositions du gouvernement sont toutes favorables; qu'il etait fort moderé dans les conditions du Traité que M. le général Boyé paraissait chargé de conclure; et que cette moderation est une preuve de la volonté qu'il a de finir. Je ne répéterai pas à Votre Excellence ce que j'ai eu l'honneur de lui dire dans mes deux dernières lettres. M. Laujon a toute ma confiance, il mérite la vôtre par l'attachement qu'il vous porte. Je fais des vœux bien sincères pour être appelé prochainement à conclure le Traité qui fait l'objet de vos désirs, et qui mettrait un terme à toutes les incertitudes. La chose au surplus est entièrement dans vos mains.

Je suis avec respect,

Monsieur le Président,

Votre très humble et très obéissant serviteur,

ESMANGART.

L.

Saint-Lô, le 7 Novembre 1823.

Puisque vous vous disposez à passer encore une fois les mers, mon cher Laujon, je veux vous mettre à même de causer avec le Président sur l'état de nos affaires avec lui, et sur les dispositions de la France à l'égard d'Haïti.

Je vous ai fait connaître la tentative d'arrangement qui a été faite dernièrement au nom du Président. Vous avez eu connaissance des lettres que je lui ai écrites pour lui dire ce qui s'était passé; et vous pourrez, mieux que personne, lui dire aussi combien j'ai été désappointé quand, dès le premier quart-d'heure de conférence avec le général Boyé, j'ai été à même de juger que cette négociation serait sans résultat.

Dès que le gouvernement fut instruit de l'arrivée du général Boyé à Amsterdam, il me donna ordre de me rendre à Bruxelles où les conférences devaient avoir lieu: il me remit les pouvoirs les plus étendus pour finir cette affaire. Je ne doutai pas un instant que le traité ne fût conclu, et qu'un traité de commerce ayant pour base l'indépendance ne fût signé. Je partis de Paris plein d'espérance. Enfin, il en a été autrement. Je vous ai donné des détails que je ne répéterai pas ici. Le refus de parler des indemnités arrêta la négociation parce que c'était, et ce sera toujours une des conditions *sine quâ non* de l'indépendance. Je revins à Paris, sans faire connaître au négociateur d'Haïti les conditions bien simples du Traité, puisqu'il lui était défendu, me disait-il, d'en admettre aucune si elles portaient sur des indemnités.

Le gouvernement avait peu de confiance dans le négociateur venant d'Haïti. Il avait été informé de sa position critique à St. Pétersbourg, de son départ précipité pour *St. Domingue*; et tout le portait à croire que son intérêt particulier bien plus que celui de la République l'avait décidé à aller chercher à *St. Domingue* une négociation au résultat de laquelle il était étranger.

Si le gouvernement du Roi n'avait pas eu le désir de traiter, la première lettre du négociateur d'Haïti lui aurait fourni un excellent prétexte pour refuser d'entrer en négociation. Le général Boyé croyait probablement nous y contraindre en annonçant que si cette négociation n'était pas terminée dans un mois, le Président était décidé à rompre. Le moment était mal choisi pour faire des menaces à la France. Le général Boyé répétait aussi dans sa lettre d'introduction, toutes les sornettes que quelques transfuges méconteus ont débitées souvent à *St. Domingue* sur les dispositions de la France, et surtout sur les projets hostiles qu'on ne cessait, disait-il, d'avoir contre le Président; il ne citait cependant aucun fait.

Ce qui vient de se passer en Espagne doit répondre assurément à tout cela; et il doit être bien démontré aux détracteurs de la France, comme il l'est au monde entier, que, si elle avait eu des projets hostiles contre Haïti, elle les aurait exécutés (1). Enfin, malgré l'inconvenance de ces allégations, le gouvernement consentit à me faire partir pour Bruxelles. Il connaissait la prudence du Président, et il se ressouvint de la sagesse qu'il avait montrée, après *l'équipée de Samana* (2). L'estime qu'on lui porte fit attribuer au négociateur seulement l'inconvenance des phrases qui pouvaient choquer; et le ministre se borna à me dire, dans ses instructions :

« *Vous ferez sentir au général Boyé que si telle était* « *l'opinion du chef actuel de* St. Domingue, *sur ce qui* « *touche aux dispositions du gouvernement français, il y* « *aurait peu d'espoir de s'entendre : car, pour s'entendre,* « *il faut absolument une confiance réciproque, et la méfiance* « *appelle le soupçon.* »

Il était difficile assurément de répondre avec plus de modération à une injure dont un négociateur vient vous saluer pour premier compliment. Je ne vous cite cela que pour vous mettre à même de prouver quelles étaient et quelles sont encore les dispositions du Roi.

M. le général Boyé disait aussi au ministre, qu'*il avait ordre de ne pas cacher qu'il ne tenait qu'au Président de terminer avec d'autres puissances des négociations dont la conclusion ne pourrait qu'affecter essentiellement les intérêts du commerce français.*

---

(1) Cet argument ne prouve pas que ce qui n'a pas été exécuté, ne le sera pas. Au surplus, nous rappelons que l'expédition de Leclerc n'a pas répondu aux campagnes d'Italie et d'Allemagne qui l'avaient précédée.

(2) Ceci nous dispense de qualifier la conduite de M. le comte de Donzelot.

Ceci ne nous avait pas touché du tout. La France n'a besoin de personne pour défendre ses droits. Les traités que le Président pourrait faire avec d'autres puissances, ne changeront ni sa position, ni celle de la France, et ne pourraient augmenter en rien la sécurité d'Haïti pour l'avenir (3). Je crains d'ailleurs que le Président n'ait été trompé sur les prétendues dispositions de certaines puissances; et nous en savons, à cet égard, autant au moins que ceux qui vont porter ces nouvelles à *St. Domingue*. Vous pouvez, au surplus, vous abstenir de causer de ceci, qui n'eût été d'aucune considération pour moi si la négociation avait été suivie.

J'aime à croire encore que tout n'est pas rompu, et que le Président, mieux conseillé, reviendra aux dispositions qu'il m'avait annoncées dans la lettre de M. Aubert (4); et alors je ferais reprendre la négociation. S'il prend ce parti, il ferait bien d'envoyer, comme il vient de le faire, par la Hollande, et je m'y rendrais. La chose devrait être tenue secrète. C'est le moyen d'éviter toutes les intrigues et souvent des entraves qu'on rencontre dans toutes les négociations, quand elles sont divulguées.

La personne qu'enverrait le Président, pourrait écrire soit au Ministre de la marine, soit à moi directement, à St. Lô, pour nous prévenir de son arrivée. Je sais bien que la négociation serait plus facile à *St. Domingue* même, parce que là, s'il survenait quelques difficultés, on pourrait sur le champ les résoudre, tandis qu'un négociateur, dont les pouvoirs ont toujours une limite, peut se trouver arrêté: mais on peut répondre à cela que le Négociateur qui irait à *St. Domingue*, serait aussi loin de la France que celui qui viendrait ici le serait d'Haïti. Au surplus, le Président vous dira peut-être ce qu'il pense là-dessus; mais, dans tous les cas, on ne pourrait proposer ici au gouvernement d'envoyer, que quand quelqu'un serait venu d'Haïti convenir et arrêter les bases du Traité; et la

(3) La France couvrait donc pour l'avenir des projets hostiles contre la sécurité d'Haïti !!!

(4) Nous avions montré ces dispositions en 1821; on n'y a pas eu égard: nous les avons reproduites en 1824, et vous n'avez point traité.

France n'enverrait, qu'autant qu'il n'y aurait plus, pour ainsi dire, qu'à fixer la quotité des indemnités, et à échanger les traités.

Je n'entre pas dans d'autres détails, mon cher Laujon. Je vous recommande seulement de vous abstenir de parler à qui que ce soit de la négociation de Bruxelles. Vous n'en parlerez qu'au Président, à moins que celui-ci ne l'ait rendue publique; et encore vous ne devez en parler qu'avec la plus grande circonspection.

Vous pouvez, au surplus, donner au Président l'assurance que le gouvernement du Roi sait apprécier toutes ses bonnes qualités; qu'il a pour lui un fond d'estime qui n'a pas peu contribué à ses dispositions pacifiques. Que le gouvernement ne sera pas plus exigeant aujourd'hui qu'il ne l'aurait été il y a deux ans; que ses demandes seront simples, justes, modérées; mais qu'il veut absolument en finir.

Vous lui direz aussi que, malgré le peu de confiance qu'il m'a montré, je ne continuerai pas moins à diriger cette affaire dans le sens le plus pacifique; que j'y vois l'intérêt des deux pays; et que si, au lieu de s'adresser à des gens que le gouvernement ne pouvait entendre, il s'était franchement adressé à moi, peut-être depuis longtemps tout serait terminé; que je ne pouvais prendre l'initiative ici, puisque j'ignorais ce qu'il disait à d'autres. Vous lui répéterez bien que, quelque chose qu'on ait pu lui dire, jamais à aucune époque, depuis ma mission, le gouvernement n'a eu la moindre idée d'hostilité; qu'aujourd'hui l'affaire de *St. Domingue* est la seule à finir pour la France; que le gouvernement veut qu'elle se termine; et que, comme il sera très modéré dans ses demandes, il est bien certain que le sort du pays que le Président gouverne, est aujourd'hui dans ses mains.

Vous me donnerez exactement de vos nouvelles; et, si les choses prennent une tournure favorable, et si vos affaires vous permettent de revenir plus tôt que votre navire, je vous engage à le faire, parce qu'alors j'agirai en conséquence des nouvelles que vous me rapporterez.

Il ne me reste plus, mon cher Laujon, qu'à vous souhaiter un bon voyage; et à vous réitérer l'assurance de mon bien véritable attachement.

ESMANGART.

M.

Liberté, REPUBLIQUE D'HAYTI. Egalité.

Port-au-Prince, le 4 Février 1824, an 21 de l'Indépendance.

JEAN-PIERRE BOYER, Président d'Haïti,

A Monsieur Esmangart, Conseiller-d'Etat, Préfet de la Manche.

Monsieur le Préfet,

Les lettres que vous m'avez écrites concernant la mission du général Boyé, et les pièces y relatives que vous m'avez adressées, me sont parvenues. J'y ai porté toute l'attention qu'exige une affaire de si haute importance, et je vais vous répondre avec la franchise qui me caractérise.

Je dois vous dire d'abord, que j'avais l'âme ulcérée lorsque vos derniers paquets me parvinrent; mais qu'ils m'ont fait le plus grand plaisir, parce qu'ils ont dissipé de funestes préventions que des rapports multipliés, que je venais de recevoir d'Europe, avaient fait naître ici. En effet, alors même que Haïti avait donné des preuves répétées de loyauté, la France, disait-on, accélérait des préparatifs hostiles destinés contre ce pays. Des communications positives, assurait-on, faites par des membres du gouvernement français, ne permettaient pas d'avoir aucun doute à cet égard. Vous concevez combien, dans un tel état de choses, les esprits ont dû être exaspérés. D'ailleurs, vous ne l'ignorez pas, il est naturel que le peuple prenne l'alarme, lorsque, pour compensation de sa bonne foi, on lui annonce de pareilles dispositions.

Je conviendrai pourtant qu'il m'a été pénible de penser que l'auguste souverain de la France dont le règne est si glorieux, eût donné son assentiment à une résolution que la Providence ne peut approuver. La religion et les profondes lumières de Sa Majesté Très Chrétienne doivent donner lieu à d'autres espérances.

C'est avec de vifs regrets, je l'avouerai aussi, que j'ai appris le mal-entendu qui a eu lieu dans vos conférences avec le général Boyé. Cette circonstance a été d'autant plus fâcheuse que l'époque, où elle a eu lieu, coïncidait à celle où l'on me transmettait les graves informations dont je viens de vous entretenir; ce qui naturellement devait ajouter, par induction, à la nature de leur importance, et leur donner une plus grande apparence de crédibilité.

Cependant, monsieur le Préfet, j'aime à vous le répéter, je suis toujours dans les mêmes intentions de traiter sur les bases expliquées dans mes dépêches des 10 et 16 Mai 1821, dont vous m'avez rappelé un paragraphe dans une de celles que vous m'avez adressées. Mes principes sont invariables, et mes devoirs sont sacrés: je n'y manquerai jamais.

M. Laujon, qui m'a remis vos paquets, a été très bien accueilli; il est chargé de vous remettre la présente.

Ainsi, vous me le confirmez, tout étant disposé pour la conclusion de la reconnaissance de l'Indépendance d'Haïti, nul obstacle ne doit plus retarder ce grand œuvre. Je vais donc, pour cet important objet, envoyer un Négociateur chargé des pouvoirs nécessaires. Déjà je me félicite des bienfaits qui seront le résultat de ce Traité en faveur des deux pays; et vous-même, je n'en doute pas, vous trouverez dans votre cœur de bien grands motifs de satisfaction de vos nobles et constans efforts pour y parvenir.

Agréez, monsieur le Préfet, une nouvelle assurance de ma haute considération.

J'ai l'honneur de vous saluer,

BOYER.

N.

Liberté, REPUBLIQUE D'HAYTI, Egalité.

JEAN-PIERRE BOYER, Président d'Haïti,

Aux citoyens LAROSE, *Sénateur*, *et* ROUANEZ, *Notaire du Gouvernement.*

Citoyens,

Après avoir considéré la situation politique où la République se trouve placée vis-à-vis du gouvernement français, j'ai jugé à propos de faire des ouvertures officielles au Roi Très Chretien, à l'effet d'obtenir de Sa Majesté la reconnaissance, en forme authentique, de l'Indépendance du peuple haïtien, et de parvenir ensuite à la conclusion d'un Traité de Commerce entre la France et Haïti.

Si cette démarche est suivie d'un heureux succès, j'aurai couronné le grand œuvre de notre émancipation, j'aurai fermé les portes de la guerre, j'aurai agrandi la sphère de notre industrie et de notre prospérité. Si au contraire l'événement trompait mon attente, le monde ne pourrait me reprocher d'avoir, par indifférence, frustré mon pays du bien qui pouvait en résulter.

Connaissant vos vertus patriotiques, et plein de confiance en vos lumières et en votre prudence, je vous ai choisis et désignés pour être les Négociateurs de cette importante affaire.

En conséquence, vous partirez de ce port, sous le plus bref délai, pour vous rendre à Paris et vous y aboucher avec les agens de Sa Majesté Très Chrétienne, afin de fixer et arrêter, de concert avec eux, les bases sur lesquelles doivent être fondés la reconnaissance de l'Indépendance d'Haïti, et le Traité de Commerce qui existera entre les deux nations, pour leur avantage respectif.

Aux effets que dessus, je vous donne, par la présente lettre de créance, tous pouvoirs nécessaires, pourvu que vous vous conformiez en tout aux Instructions qui l'accompagnent, et que vous n'outrepassiez point les limites dans lesquelles elles circonscrivent l'étendue de ces mêmes pouvoirs; vous promettant solennellement, ainsi qu'à tous ceux qu'il appartiendra, de ratifier et confirmer, d'exécuter et faire exécuter tout ce qu'en vertu de la présente et des susdites Instructions, vous aurez définitivement arrêté.

Je prie Dieu qu'il vous ait en sa sainte garde.

Donné au Palais National du Port-au-Prince, le 28 Avril 1824, an 21 de l'Indépendance.

BOYER.

O.

INSTRUCTIONS

Aux Citoyens Larose, *Sénateur*, *et* Rouanez, *Notaire du Gouvernement, chargés de mission près le Gouvernement de Sa Majesté Très Chrétienne, par lettres de créance, en date de ce jour, afin de traiter de la Reconnaissance de l'Indépendance d'Haïti, et d'arrêter les bases d'un Traité de Commerce.*

Citoyens,

Les événemens qui ont préparé et amené l'Indépendance d'Haïti sont trop présens à votre mémoire pour qu'il soit nécessaire d'en faire ici l'énumération. Il me suffira de vous rappeler que la déclaration de notre Indépendance, qui date du 1er. Janvier 1804, fut provoquée par une multitude d'actes de cruauté exercés contre les Haïtiens avec une violence qu'il ne leur était plus possible de supporter.

Je n'ignore pas que le Monarque qui règne aujourd'hui sur la France, n'est pour rien dans nos malheurs; et je me plais à croire que, toutes les fois qu'il porte sa royale pensée vers notre beau pays, il soupire du regret de n'avoir pas eu, dans les temps, comme présentement, le pouvoir d'arrêter le cours des fléaux qui l'ont désolé.

Mais le souvenir du passé a rendu le peuple haïtien ombrageux sur tout ce qui regarde son existence nationale ; et rien désormais n'est capable ; je ne dis pas de détruire ; mais d'ébranler même dans son esprit cette conviction intime ; fruit d'une triste expérience ; *qu'il ne peut y avoir de garantie pour la conservation de ses droits civils et politiques*; *que dans une Indépendance absolue de toute domination étrangère*, *de toute espèce de suzeraineté*, *même de tout protectorat d'une puissance quelconque*, en un mot, *que dans l'Indépendance dont il jouit depuis vingt ans.*

Ces vérités reconnues et admises, il sera facile d'arriver à la conclusion de l'œuvre par lequel Sa Majesté Louis XVIII ajoutera à la couronne d'immortalité qui lui est déjà assurée ; un nouveau titre de gloire plus précieux que tous les autres aux yeux de la religion et de l'humanité ; en aimant mieux renoncer de lui-même à une portion de l'heritage de ses ancêtres, que de commettre la vie de ses sujets aux hasards d'une guerre lointaine et à la malignité d'un climat vengeur ; en préférant participer, par les échanges du commerce, à la fertilité d'un des plus féconds terroirs qui soient sous le soleil, plutôt que d'y dominer même, mais sur des ruines et des cendres stériles ; en mettant son honneur à cicatriser et non à rouvrir les plaies d'une nation qui fut si cruellement maltraitée ; si indignemement outragée ! Enfin, en ayant plus à cœur de voir tout un peuple chrétien adresser au Souverain Maître du Monde un concert unanime de vœux pour la prospérité de son règne, que de l'entendre maudire le jour où le pavillon français apparut dans ses ports.

ARTICLE PREMIER.

Le premier acte, que vous devrez réclamer, avant même de convenir des principaux points du Traité de

Paix et de Commerce, sera une ordonnance royale, par laquelle Sa Majesté Très Chrétienne reconnaîtra que le peuple haïtien est libre et indépendant, et qu'elle renonce, dès ce moment et à toujours, tant pour elle que pour ses successeurs, à toutes prétentions de la France de dominer sur l'île d'Haïti, appelée par les uns *Saint-Domingue*, et par les autres *Hispaniola*.

Je dois vous prévenir que cette forme de déclaration est la seule qui puisse dissiper tous les nuages de la méfiance dans l'esprit d'un peuple qui a sans cesse présent à la pensée, le souvenir amer de ce qui lui en a couté pour s'être abandonné trop légèrement à sa crédulité.

Au reste, le caractère connu du Monarque français ne me permet pas de présumer la moindre hésitation de sa part à accorder l'acte dont il sagit, et sans lequel le but proposé ne saurait être parfaitement atteint.

Art. II. L'ordonnance royale une fois obtenue, vous serez autorisés à convenir qu'en témoignage de la satisfaction du peuple haïtien pour l'acte de philantropie et de bienveillance émané de Sa Majesté Très Chrétienne, il sera accorde par le gouvernement d'Haïti au gouvernement français, en forme d'indemnité, une somme de .... laquelle sera comptée en Haïti ou en France, en cinq termes et paiemens égaux, d'année en année, soit en espèces métalliques ayant cours de monnaie dans la Republique ou à l'etranger, soit en denrées du pays, aux agens préposés par le gouvernement français pour cette perception (1).

Je ne saurais trop vous répéter que le sacrifice que fait la Republique en faveur de la France, n'a d'autre but, d'autre fin que de manifester, d'une manière éclatante, la satisfaction des Haïtiens d'avoir obtenu, de Sa Majesté Très Chrétienne, par un acte formel et

(1) Voilà enfin nos propositions du 10 Mai 1821 reproduites. Pourquoi n'ont-elles pas été acceptées? Le compte rendu par nos Envoyés au Président d'Haïti l'apprendra.

légal, l'approbation et la confirmation de l'état de choses, dans lequel des événemens extraordinaires les ont placés, et dont ils sont en possession depuis un laps de tems qui semble leur avoir acquis une prescription suffisante contre toute réclamation.

Art. III. Le gouvernement d'Haïti voulant en outre donner à celui de France une preuve de sa cordialité, vous autorise à déclarer et convenir (après que les deux premiers articles auront été fixés) que les bâtimens de commerce des sujets de Sa Majesté Très Chrétienne seront admis dans les ports du commerce extérieur de la République, avec les mêmes égards que ceux des autres nations en rapport avec Haïti, et que toutes les marchandises ou productions de la France, dont l'entrée sera permise par les lois locales, ne seront assujéties qu'aux droits d'importation que paient ou paieront les productions et marchandises des nations les plus favorisées dans la République.

Il faudra ici faire remarquer de quelle importance sera cette concession pour le commerce français; car la seule diminution sur les droits d'entrée procurera à la France un bénéfice réel qui permettra à ses manufactures de présenter leurs produits sur les marchés d'Haïti, sans craindre aucune concurrence, en même tems qu'elle sera un sacrifice de plus de la part de la République.

Art. IV. En réciprocité d'une concession si favorable, vous devrez obtenir du gouvernement français que les denrées fabriquées en Haïti, telles que sucre, café, coton, indigo, cacao, et autres objets de commerce du crû de la République, qui seront importés dans le royaume de France, soit par navires français, soit par navires haïtiens, ne paieront d'autres ni plus grands droits d'entrée que ceux auxquels sont ou seront assujétis les mêmes articles venant des possessions transatlantiques de Sa Majesté Très Chrétienne, avec la faculté de l'entrepôt pour ceux des produits qui ne pourront ou ne devront pas être consommés dans le royaume de France, mais qui de là seront transportés dans les diverses parties de l'Europe.

Il n'échappera pas aux diplomates français que le résultat de cette concession accordée au peuple haïtien par Sa Majesté Très Chrétienne, tournera presqu'en entier au profit de la France, parce que d'abord son commerce maritime prendra, en peu de tems, une grande extension; et qu'ensuite, par l'égalité de droits, le prix de nos denrées qui devront être consommées en France, sera réduit pour la facilité du consommateur.

Il est donc à présumer que vous n'éprouverez aucune difficulté pour parvenir à fixer l'arrangement des deux articles précédens, dont l'observation ponctuelle de part et d'autre sera un aliment à la bonne intelligence des deux peuples.

Art. V. Vous devrez après stipuler que, dans tous les cas de guerre entre la France et d'autres états ou puissances maritimes, le gouvernement d'Haïti conservera la plus parfaite neutralité; et que, le cas échéant de ces guerres, il sera observé en Haïti ce qui se pratique ordinairement chez les nations neutres.

Le peuple haïtien ayant proclamé, à la face du ciel et de la terre, que, satisfait de son indépendance nationale, il ne se mêlerait jamais d'aucune querelle extérieure aux rives qui bordent son île, ne peut, dans aucun cas, manquer à son serment; et l'on demanderait envain qu'il prît part, sous aucun prétexte, aux débats ou dissentions des autres peuples; car bornant toute son ambition à s'occuper du perfectionnement de son agriculture et de sa police, toutes les stipulations qu'il consentira par la suite ne seront jamais que relatives à ce qui concerne directement les intérêts intérieurs de l'état.

Il conviendra aussi de spécifier que les bâtimens de guerre de Sa Majesté Très Chrétienne seront admis, partiellement, dans les ports ouverts d'Haïti, pour se rafraîchir, s'approvisionner, ou se réparer; mais que, dans aucun cas, les escadres et flottes de guerre ne pourront y entrer.

Art. VI. Le gouvernement de la République accueillera avec plaisir dans la Capitale un chargé d'affaires ou consul général, et, dans ses différens ports ouverts, des agens commerciaux nommés par Sa Majesté Très Chrétienne, pour veiller aux droits de ses sujets commerçant en Haïti. En retour, le gouvernement de la République demandera qu'il soit admis à Paris un seul agent haïtien, pour faire au gouvernement français, lorsque les circonstances se présenteront, les communications qui pourraient intéresser la prospérité des deux nations, la bonne intelligence qui doit désormais exister entr'elles, et l'entier accomplissement ou la parfaite exécution de tout ce qui sera convenu et arrêté.

La conduite loyale qu'a constamment tenue le gouvernement, depuis la fondation de la République, le respect inviolable qu'il a toujours porté au droit des gens, ne peuvent laisser aucun doute sur sa bonne foi; et il est fondé à attendre, de la part du gouvernement de Sa Majesté Très Chrétienne, une égale réciprocité de loyauté et de franchise. C'est pourquoi vous demeurez autorisés à promettre qu'en toutes circonstances, après que les conventions seront arrêtées et signées, le gouvernement d'Haïti s'attachera, avec une scrupuleuse délicatesse, à executer ponctuellement tout ce qui résultera du traité basé sur les présentes Instructions; et que, si (ce qu'à Dieu ne plaise) des difficultés survenaient dans l'execution des clauses ou stipulations arrêtées, la bonne foi, la loyauté, et la plus grande bonne volonté seront employées de la part du gouvernement d'Haïti, pour faire disparaître les mal-entendus, comme il espère trouver dans le gouvernement français la même droiture et les mêmes sentimens.

Aussi il ne sera et ne devra point être demandé d'autres garanties pour l'exécution de tout ce qui aura été convenu, que l'honneur des deux peuples et l'inébranlable constance de leurs gouvernemens respectifs dans les principes de justice et d'équité.

Telles sont, Citoyens, les Instructions qui limitent vos pouvoirs dans l'importante mission qui vous est confiée : Instructions, auxquelles vous ne dérogerez point, mais voudrez bien vous conformer, en vous conduisant toujours d'après l'esprit qui les a dictées.

Sur ce, me reposant en votre zèle et en votre prudence, je prie Dieu qu'il vous ait en sa sainte garde.

Donné au Palais National du Port-au-Prince, le 28 Avril 1824, an 21 de l'Indépendance.

BOYER.

P.

Hâvre, 31 Mars 1824.

A Son Excellence le Président d'Haïti.

Monsieur le Président,

Je m'empresse d'annoncer à Votre Excellence que j'ai mouillé en rade de ce port, dans la nuit du 22 de ce mois, après un naufrage affreux qui a été suivi, à cinq jours de là, de l'événement le plus heureux et le plus extraordinaire qu'il nous fût permis d'espérer ; mais je m'abstiens en ce moment de ces détails, pour ne vous faire part que des informations que je sais devoir plus particulièrement vous intéresser.

J'ai été extrêmement favorisé pour mon débarquement, aussitôt mon entrée dans ce port, et ne me suis occupé, après avoir écrit au Ministre, que des moyens de me rendre sur le champ à St. Lô, pour remettre à M. Esmangart ce dont j'étais chargé pour lui de la part de Votre Excellence, et qui ne me quitta jamais au milieu des plus grands dangers. Je partis le 23 pour cette destination, et j'y arrivai le 24. Je fus reçu de lui comme je m'attendais à l'être ; il prit lecture de mes papiers et m'en témoigna son entière satisfaction. Il avait reçu celle que je lui avais adressée le 29 janvier, et dont Votre Excellence doit se rappeler que je lui donnai connaissance; ensorte qu'il était déjà préparé à toutes les nouvelles que je lui apportais. Il jugea qu'il était indispensable que je ne fisse chez lui qu'un fort court séjour, et que je retournasse de suite au Hâvre, pour y attendre l'arrivée de l'Envoyé de Votre Excellence, et y suivre les instructions qu'il me donnerait de Paris, où il allait se rendre lui-même le lendemain. Je le quittai le 25 au matin, et le 27 j'arrivai au Hâvre, où j'appris que le navire que j'attendais n'était pas arrivé.

Durant les quatre jours d'absence que je venais de faire, un navire, dont la destination était pour Jacmel, avait mis à la voile, et je fus au désespoir d'avoir manqué cette occasion pour apprendre mon arrivée à Votre Excellence.

Aujourd'hui 31 du courant, je reçois une lettre de M. Esmangart, par laquelle il m'informe que les dispositions du gouvernement, dont vous avez parfaite connaissance, n'ont pas et n'ont pu changer, et qu'il considère les choses comme devant avoir la plus heureuse terminaison.

Les vents ne se trouvant pas en ce moment favorables aux arrivages, on m'a laissé la liberté d'aller passer vingt-quatre heures à Paris, que j'emploierai à voir ma famille ainsi que les ministres. Je reviendrai de suite ici pour m'y trouver à l'arrivée du navire *le Charles*, sur lequel l'Envoyé de Votre Excellence a dû s'embarquer. Je partirai avec lui pour Rouen, aussitôt son débarquement, et je recevrai dans cette ville les instructions qui me seront envoyées de Paris, pour me faire connaître où nous devons nous rendre. Nous trouverons M. Esmangart au lieu qui nous aura été désigné, et qui ne sera probablement pas hors de France. C'est là où, comme je ne puis pas en douter, d'après les excellentes dispositions qui m'ont été témoignées par Votre Excellence, se terminera la grande et importante affaire.

S'il arrivait, contre mon attente, que *le Charles* arrivât dans les trois ou quatre jours d'absence que je vais faire, M. Edouard Bonafé, après avoir fait donner à l'Envoyé de Votre Excellence toutes les facilités possibles de prompt débarquement, par le commissaire général de la marine qui est déjà prévenu à ce sujet, l'accompagnerait à Rouen, et resterait avec lui jusqu'à mon arrivée.

J'ai lieu de croire que Votre Excellence sera satisfaite de tous ces détails, et la prie de vouloir bien recevoir la nouvelle assurance du plus profond respect, avec lequel

J'ai l'honneur d'être,

Son très humble et très obéissant serviteur,

A. DE LAUJON.

P.

Hâvre, le 5 Avril 1824.

A Son Excellence le Président d'Haïti.

Monsieur le Président,

J'arrive de Paris; et, comme à mon retour au Hâvre, j'y ai retrouvé le paquet que j'avais eu l'honneur d'adresser à Votre Excellence, et que je supposais devoir être parti durant mon absence, je l'ai décacheté pour y inclure quelques mots d'une date un peu plus fraîche que la dernière.

Je m'en étais parfaitement rapporté à ce qui m'avait été annoncé ici par Monsieur Esmangart, touchant la satisfaction du gouvernement sur l'état présent des choses avec Haïti, et la certitude qu'il m'avait donnée que les dispositions étaient toujours aussi parfaites qu'avant mon départ pour le Port-au-Prince: cependant, je sentais qu'il manquait encore à la joie que j'en avais ressentie, celle d'apprendre par moi même la confirmation d'une nouvelle aussi intéressante: et c'est, Monsieur le President, ce qui vient d'avoir lieu durant le court séjour que j'ai fait à Paris.

J'ai reçu des Ministres du Roi l'accueil le plus flatteur; et ils ont eu la bonté de me croire beaucoup plus de mérite que je n'en ai assurément, car tout s'est fait par vous, Monsieur le President, et par la seule confiance que j'ai, à la vérité, été assez heureux pour vous inspirer, et qui ne sera pas trompée: Votre Excellence peut en être assurée.

Beaucoup de gens, animés par des vues d'intérêts bien différens de ceux du gouvernement, ont fait et font encore des efforts inouis pour déraciner le fondement d'une si belle œuvre, et donner à la direction de cette affaire un cours tout à fait opposé à celui qui doit être suivi; mais ils ont complètement échoué, et ils échoueront toujours. Le gouvernement, ferme dans les excellentes dispositions qu'il a prises, fait fort peu d'attention à toutes les intrigues et à toutes les manœuvres qui, ne s'accordant pas avec ses vues, sont très assurées de ne pas obtenir son assentiment.

Nous attendons, avec une impatience que je ne puis vous décrire, l'arrivée du navire *le Charles*, sur lequel l'Envoyé de Votre Excellence doit se trouver. Et les choses iront au plus vîte, vous pouvez y compter.

J'ai l'honneur d'être,

Monsieur le Président,

De Votre Excellence,

Le très humble et très respectueux serviteur,

A. DE LAUJON.

P.

Hâvre, le 7 Avril 1824.

A Son Excellence le Président d'Haïti.

Monsieur le Président,

J'ai eu l'honneur d'écrire deux lettres à Votre Excellence, par le navire *l'Alexandre*, qui est parti avant hier de ce port pour le Port au-Prince.

Par la première du 31 mars, je l'informais de mon arrivée et lui donnais quelques détails sur le naufrage que j'ai fait sur le navire *le Voltaire*, à bord duquel je m'étais embarqué, le 5 février dernier. Elle aura pu y reconnaître la grâce véritablement céleste, qui a permis que je fusse sauvé d'un pareil danger et que je le fusse par un bâtiment également parti du Port-au-Prince, quelques jours après nous, et qui avait notre même destination; en sorte que rien n'eut à souffrir des grands intérêts dont je me trouvais chargé.

J'ai dit à Votre Excellence, que je n'avais fait que poser au Hâvre, où le commissaire général de la marine avait mis le plus grand zèle à faciliter mon prompt débarquement, et que j'étais parti de suite pour Saint-Lô, où j'étais certain d'être vivement attendu, par la raison que les lettres que j'avais écrites du Port-au-Prince à la fin de Janvier, lettres que vous connaissiez et que j'avais confiées au capitaine du *Grand Amédée*, étaient parvenues à leur destination. De Saint-Lô, monsieur Esmangart m'avait promptement renvoyé au Hâvre, pour y recevoir l'Envoyé de Votre Excellence qui était attendu par *le Charles*, et me rendre avec lui d'abord à Rouen, ensuite au lieu qui me serait indiqué. Monsieur Esmangart devait quitter Saint-Lô queqlues heures après moi, et faire toute diligence pour Paris.

La première lettre que je reçus de lui le lendemain de son arrivée, me confirma les instructions qu'il venait de me donner, et m'annonça la satisfaction du gouvernement, au sujet de ce qui s'était passé à *St. Domingue* entre Votre Excellence et moi; ce qui me fit un extrême plaisir: enfin, il me marquait que, si je prévoyais avoir le tems de venir à Paris pour n'y passer que 48 heures, j'y serais fort bien reçu, et que ce voyage pourrait avoir des résultats avantageux. Je ne tardai pas à me rendre à cette invitation, qui sous plusieurs rapports m'était on ne peut plus agréable, ne m'étant pas encore rapproché de ma famille.

J'ai, par ma lettre du 5 avril, après mon retour de Paris, fait connaître à Votre Excellence, combien j'avais véritablement à me féliciter de ce voyage dans la capitale; et je ne puis comparer la satisfaction qu'il m'a fait éprouver, qu'à celle dont j'ai toujours joui avec vous, monsieur le Président, pendant mon dernier séjour au Port-au-Prince. Tout est franchise et loyauté dans cette affaire; n'en doutez pas un seul instant. Je vous ai parlé avec la ferme assurance qu'inspirent de pareils sentimens. Je vous ai supplié de repousser loin de vous toutes les suggestions malveillantes dont vous étiez accablé, et de les remplacer par la confiance la plus intime dans les dispositions qui vous étaient annoncées, et qui devenaient sacrées dans leur exécution dès l'instant qu'elles émanaient du gouvernement de Sa Majesté. Ce que je vous ai affirmé à *St. Domingue*, je vous l'affirme aujourd'hui en France. Je n'ai pas écrit un mot lorsque j'étais près de vous qui n'ait reçu l'assentiment de Votre Excellence, et je n'ai pas proféré ici une seule parole qui ne soit sortie de votre bouche. Tout est vrai dans ce qui a été dit et écrit; et c'est là ce qui doit être une garantie positive des succès que vous avez lieu d'espérer, et dont nous partagerons avec vous toute la satisfaction.

Tout est prêt pour recevoir votre Envoyé, à qui nous présumons aujourd'hui 42 à 43 jours de traversée sur *le Charles*: tout est disposé pour que la plus grande célérité dans cette affaire réponde à vos desirs ainsi qu'à ceux du gouvernement; et tout doit nous faire espérer que nous ne serons pas long-temps ensuite à nous rendre près de Votre Excellence.

Veuillez permettre, Monsieur le Président, que les sentimens que vous inspirez et que vous m'avez mis à même de si bien apprécier, s'ajoutent au très profond respect avec lequel j'ai l'honneur d'être,

De Votre Excellence,

Le très humble et très obéissant serviteur,

A. DE LAUJON.

P.

Hâvre, le 18 avril 1824.

A Son Excellence le Président d'Haïti.

Monsieur le Président,

Votre Excellence a dû recevoir les diverses lettres que j'ai eu l'honneur de lui écrire à la date des 31 mars, 5 et 7 avril, par les deux navires *l'Alexandre* et *le Mercure*, du Hâvre.

Ces lettres lui ont fait connaître la bonne et bien satisfaisante réception qui m'avait été faite à mon arrivée par monsieur Esmangart, ainsi que par les ministres du Roi pendant mon court séjour à Paris. Je n'y avais été que pour y rester 48 heures, d'après la permission qui m'en avait été donnée, et je m'étais empressé de revenir ici prendre mon poste, afin de m'y trouver à l'arrivée de l'Envoyé de Votre Excellence, et le conduire avec moi au lieu qui devra m'être désigné, lieu auquel monsieur Esmangart se rendra lui-même. Rien n'a changé depuis la date de ma dernière lettre; seulement, monsieur Esmangart a été nommé à la Prefecture du Bas-Rhin, en échange de celle de la Manche: mais ce changement, qui a eu lieu entièrement dans ses intérêts, n'apportera aucune entrave à la suite de nos affaires. Sa dernière lettre de Paris, au moment où il montait en voiture pour aller prendre sa famille à Saint-Lô, et la mettre en route pour Strasbourg, m'annonçait que tout était toujours dans le même état de perfection, et que l'on attendait que mes nouvelles annonçassent l'arrivée du *Charles* avec la personne qui doit se trouver à son bord. Ce navire dont nous avons, par la Nouvelle-Angleterre, avis du départ du Port-au-Prince, le 23 février au matin, a aujourd'hui 56 jours de traversée, et c'est un tems énorme pour un navire d'aussi bonne marche et aussi bien commandé. Je suis dans les angoisses, monsieur le Président; et si, d'ici à plusieurs jours il ne paraît pas, mes inquiétudes seront au comble. L'exactitude que je mettrai à profiter de toutes les occasions pour vous écrire vous tiendra parfaitement au courant. Il n'y a de ma part aucun mystère dans cette correspondance qui n'est nullement ignorée. Je la considère dans l'état présent des choses comme pouvant être satisfaisante pour Votre Excellence; elle est à mes yeux un nouveau gage de la confiance que je me suis efforcé de vous inspirer, et à laquelle vous avez daigné répondre avec tant de bonté; or tout cela est bien vu, et bien reçu.

Je crains beaucoup, monsieur le Président, que des nouvelles qui viennent de nous parvenir ici de Saint Thomas, d'où on les avait fait passer de suite à Santo-Domingo et au Port-au Prince, n'aient produit chez vous un fort mauvais effet. Ces nouvelles, soi-disant venues de la Martinique, annonçaient qu'il y était arrivé une escadre considérable à bord de laquelle se trouvaient vingt mille hommes de troupes et huit généraux; lesquelles forces, disait-on également, ne pouvaient être destinées que contre *St. Domingue*. Rien de plus absurde que ces nouvelles: il est arrivé à la Martinique deux mille hommes et quelques bâtimens de guerre, voilà à quoi se réduit cet envoi si redoutable. Je n'ai assurément pas la crainte que Votre Excellence y ait donné la moindre foi; mais tout le monde n'a pas le bonheur de juger sainement des choses comme elle le fait.

Je désire de toute mon âme, monsieur le Président, que ma première lettre soit pour moi une occasion de faire connaître à Votre Excellence tout le soulagement ainsi que toute la joie que j'éprouve à lui annoncer l'arrivée de son Envoyé.

J'ai l'honneur d'être avec le plus profond respect,
Monsieur le Président,
De Votre Excellence,
Le très humble et très obéissant serviteur,
A. DE LAUJON.

P.

Hâvre, ce 26 avril 1824.

A Son Excellence le Président d'Haïti.

Monsieur le Président,

A l'exception d'un navire qui est parti pour Jacmel, durant la très courte absence que j'ai faite, aussitôt mon mon arrivée dans ce port, pour me transporter de suite à Saint-Lô, il n'est pas une occasion qui se soit offerte pour *St. Domingue* dont je n'aie profité pour avoir l'honneur d'écrire à Votre Excellence; et j'aurai toujours l'attention de lui rappeler ces diverses occasions, afin qu'elle puisse savoir si elle n'aurait pas quelques lettres en retard, ce qui ne pourrait arriver cependant, que dans le cas où il serait survenu quelques malheurs à ces bâtimens, car toutes mes lettres sont ici confiées aux capitaines par le commissaire général de la marine, et ils en donnent un reçu, s'obligeant de les remettre eux-mêmes à Votre Excellence. Les navires par lesquels j'ai jusqu'ici écrit, et les seuls qui soient partis, sont *l'Alexandre*, *le Mercure*, et *le Courrier de Jacmel*.

Nous avons eu, depuis ce dernier départ, l'arrivée du *Charles*, si long-tems attendu par moi, monsieur le Président, et qui m'a donné le chagrin de n'y pas voir, comme passager, la personne que Votre Excellence doit envoyer. Le capitaine, qui a été prévenu par le commandant de port de se rendre sur le champ près de moi aussitôt son arrivée, m'a beaucoup soulagé en me faisant connaître ce qui lui avait été dit par Votre Excellence avant son départ, et ce qu'il était chargé par elle de me répéter. Je suis convaincu, monsieur le Président, que vous n'avez pu avoir que d'excellens motifs pour différer de quelques jours l'envoi de cette personne par un autre bâtiment: mais une affaire d'un si haut intérêt gagne toujours à ne pas être différée; et, quoique rien ne soit absolument changé dans les dispositions qui doivent assurer son succès, c'est un bien réel qu'elle ne soit soumise à aucun retard. Votre Excellence pense comme moi, j'en suis certain. Enfin, c'est aujourd'hui ou sur la *Virginie*, ou sur le *Télégraphe*, que doivent se reporter toutes mes espérances, car ces bâtimens sont les seuls qui se trouvaient sur la rade du Port-au-Prince en destination pour le Hâvre, lors du départ du *Charles*, et ils doivent mettre à la voile dans les premiers jours de mars.

Il y a une heure environ que le commissaire-général de la marine a passé chez moi, pour m'annoncer qu'il avait avis que le *Télégraphe* venant du Port-au-Prince, était entré en relâche à Cherbourg, à 30 lieues environ de ce port; que ce bâtiment avait deux passagers à son bord, et que, se trouvant sous le coup d'une quarantaine de 3 à 4 jours qu'il n'aurait assurément pas faite ici dans le cas où l'Envoyé de Votre Excellence se fût trouvé un des deux passagers, il ne leverait l'ancre pour gagner le Hâvre que demain et ne pourrait par conséquent arriver au Hâvre qu'après demain.

La question bien importante pour moi actuellement, monsieur le Président, est de savoir si cet Envoyé est en effet un des deux passagers, et je n'ose pas me livrer à toute la satisfaction que me cause l'espérance que j'en ai. Le *Télégraphe* est un navire très fin, très solide, et un de nos meilleurs voiliers, mais je sais qu'il n'a pas été construit pour la commodité des passagers, et je crains bien que l'on ne lui ait préféré *la Virginie*. Enfin, je ne resterai pas long-tems dans cette anxiété.

Comme le ministre de la marine connaissait le nom du navire qui était attendu, je lui ai de suite écrit pour lui faire savoir tout ce que Votre Excellence m'avait fait dire par le capitaine de ce navire au sujet du retard qu'avait éprouvé le depart de son Envoyé, et l'assurance qu'elle l'avait chargé de me donner, que cette personne partirait sans faute dans les premiers jours de mars. J'ai eu l'attention de faire rédiger au capitaine un rapport fort exact sur ce point, que le commissaire-général de la marine enverra de son côté au ministre, et qui s'accordera parfaitement avec la lettre que je lui écris.

J'ai également adressé une lettre à monsieur Esmangart, que je croyais de retour à Paris du dernier voyage qu'il avait fait à Saint-Lô pour aller y chercher sa famille; mais il s'est trouvé que ma lettre écrite et partie, j'en ai reçu une de lui qui était encore datée de Saint-Lô, et par laquelle il m'annonçait qu'il n'en partait qu'aujourd'hui, qu'il se séparerait de sa famille aussitôt qu'il serait arrivé avec elle à Caen, qu'il lui ferait poursuivre sa route pour Paris, et qu'il se dirigerait seul sur le Hâvre, où il avait besoin de me voir et de passer quelques jours avec moi. Je le conçois parfaitement; car il ne pourra probablement pas rester long-temps à Paris avant d'aller prendre possession de sa nouvelle préfecture, et nous avons bien besoin de nous entendre pour savoir où nous nous rejoindrons. Il n'avait et ne pouvait avoir aucune nouvelle de l'arrivée du *Charles*, sur lequel il était dans la plus grande confiance que devait se trouver l'Envoyé de Votre Excellence; et, comme ce navire avait plus de soixante jours de traversée, il me marquait à ce sujet quelles étaient toutes les inquiétudes qu'il en concevait. Je m'attends donc à le voir arriver ici demain ou après-demain, ce qui me fait un bien grand plaisir.

Voilà bien exactement, Monsieur le Président, la situation actuelle des choses. Votre Excellence est en tout point aussi bien informée que je le suis moi-même. S'il arrivait que le capitaine de *l'Hébé*, à qui cette lettre sera remise, ne partît pas demain, j'aurai l'attention de ne la lui faire donner qu'au dernier moment, afin d'y ajouter tout ce qui serait survenu de nouveau depuis cette date.

Le capitaine du *Charles* m'a dit que Votre Excellence avait eu assez de bonté pour m'écrire un mot au sujet probablement du retard qui a eu lieu; mais je ne l'ai pas reçu, et j'aurais été bien satisfait que ce fût ce capitaine qui en eût été lui-même porteur.

L'Envoyé de Votre Excellence a son appartement tout préparé à côté du mien, chez M. Edouard Bonafé; mais nous ne resterons que tout au plus vingt quatre heures au Hâvre, aussitôt son arrivée. Il serait bien essentiel, pour la grande célérité dans cette affaire, qu'il parût avant le départ de M. Esmangart pour Strasbourg.

Du 28 Avril, à 9 heures du matin.

Le commissaire-général de la marine me fait connaître, à l'instant, que l'on lui a transmis par terre, de Cherbourg, le nom des deux passagers qui sont à bord du *Télégraphe*; il me les nomme, et je ne reconnais dans aucun de ces deux passagers celui que je désirerais y trouver. Il m'informe également que le navire *l'Hebé* sortira du port à 10 heures; et que j'aie à lui envoyer la lettre pour Votre Excellence qu'il doit confier au capitaine de ce navire. Toutes mes espérances se reposent donc sur *la Virginie*; car il n'y avait pas d'autres bâtimens, au départ du *Charles*, en destination pour le Hâvre dans le commencement de mars. *La Virginie*, qui est partie deux jours avant *le Télégraphe*, aurait aujourd'hui 53 jours de traversée et ne pourrait par conséquent tarder à paraître.

J'attends aujourd'hui M. le conseiller-d'état Esmangart, d'après le contenu de sa dernière lettre.

J'espère vous annoncer par la première occasion, M. le Président, que toutes mes anxiétés sont arrivées à leur terme, et que les choses commencent à marcher.

J'ai l'honneur d'être avec le plus profond respect,

Monsieur le Président,

De Votre Excellence,

Le très humble et très obéissant serviteur,

A. DE LAUJON.

P. Hâvre, ce 28 Avril, à 4 heures du soir.

A Son Excellence le Président d'Haïti.

Monsieur le Président,

J'ai l'honneur d'annoncer à Votre Excellence que je jouis en ce moment du plaisir de me trouver avec Monsieur Esmangart qui est arrivé ici il y a quelques heures; il ne connaissait pas l'arrivée du navire le *Charles*, et a appris avec peine que ce bâtiment, sur lequel nous comptions, n'avait pas amené l'Envoyé de Votre Excellence; il considère cette circonstance comme malheureuse, d'après l'annonce qui en avait été faite. Je lui ai répété tout ce que Votre Excellence m'avait fait dire par le capitaine de ce bâtiment, et l'assurance qu'elle m'avait fait donner que cette personne partirait dans les premiers jours de mars: ce qui reportait aujourd'hui toutes nos espérances sur la *Virginie* qui, ayant 53 jours de mer, ne pouvait tarder d'arriver. Monsieur Esmangart profite de la circonstance présente pour adresser une lettre à Votre Excellence.

J'ai l'honneur d'être avec le plus profond respect,

Monsieur le Président,

De Votre Excellence,

Le très humble et très obéissant serviteur,

A. DE LAUJON.

P. S. Je suis fort satisfait du petit retard qui a eu lieu dans le départ du navire *l'Hébé*. Il mettra à la voile demain.

P.

Le Hâvre, 28 Avril 1824.

A Son Excellence le Président d'Haïti.

Monsieur le Président,

En quittant le département de la Manche pour aller dans celui du Bas-Rhin, dont le Roi a bien voulu me confier l'administration, j'ai pris ma route par le Hâvre, dans l'espérance d'avoir des nouvelles du navire *le Charles* qui devait porter, m'avait dit M. de Laujon, la personne chargée de votre confiance. Ce navire, après une longue et pénible traversée, était arrivé sans personne ni lettres, et cela m'a fort contrarié. Le capitaine, que j'ai fait venir, m'a confirmé ce que vous l'aviez chargé de dire à M. de Laujon; et d'après cela, nous attendons avec impatience *le Télégraphe* et *la Virginie.*

Le Télégraphe est arrivé avant-hier à Cherbourg, où il a été obligé de relâcher. Il n'a à bord que deux personnes dont les noms nous sont inconnus; et nous ne savons pas encore s'il a des lettres.

Quant à *la Virginie*, elle n'a point encore paru. On voit au large un brick : peut-être est-ce celui que nous attendons, et je desire bien sincèrement que la personne que vous avez annoncée, soit à bord. Je ne partirai pas d'ici, dans tous les cas, que ce navire ne soit en rade

Je desire bien sincèrement, Monsieur le Président, que cette négociation puisse s'ouvrir. Les dispositions sont toutes favorables, et je serai bien heureux de pouvoir amener à sa fin une affaire d'un si haut interêt.

Je saisis cette occasion, Monsieur le President, pour vous reitérer l'hommage du respect avec lequel je suis,

De Votre Excellence,

Le très humble et très obéissant serviteur,

ESMANGART.

Paris, ce 8 mai 1824.

A Son Excellence le Président d'Haïti.

Monsieur le Président,

J'ai quitté avant-hier le Hâvre, d'où j'ai été rappelé aussitôt après l'entrée dans ce port du navire *le Rousseau* qui était parti du Port-au-Prince le 25 mars. Ce navire est le quatrième qui soit arrivé au Hâvre depuis *le Charles*, capitaine Doullé, sur lequel devait s'embarquer l'Envoyé de Votre Excellence : et non seulement cet Envoyé ne s'est trouvé sur aucun de ces quatre bâtimens, mais, ni moi, ni M. Esmangart, n'avons reçu d'informations qui nous aient fait connaître la cause de ce retard. Le gouvernement ne peusant pas, monsieur le Président, qu'il fût possible, d'après toutes les pièces dont j'ai été porteur et qui sont aujourd'hui entre les mains de Votre Excellence; qu'elle pût concevoir le plus léger doute sur l'exécution franche et loyale des dispositions qui lui ont été annoncées concernant le Traité à intervenir, a vu, avec une extrême surprise, d'abord que l'envoi de cette personne n'ait pas eu lieu, ensuite qu'aucun avis n'ait été donné sur les motifs qui ont pu occasionner son retard. J'ignore jusqu'à ce moment quel est le parti auquel il se décidera, et ne puis assez exprimer à Votre Excellence combien cet état de choses me fait éprouver de chagrin. J'ai été comblé de bonheur tout le tems que j'ai été près de vous, M. le Président; j'ai rapporté en France ces mêmes sentimens dont vous m'aviez pénétré, et je ne les ai décrits qu'avec imperfection au milieu de tous mes efforts pour en retracer la vérité; j'ai dit ce que je pensais, et j'affirme encore que mes opinions ne sont pas changées: cependant les intentions que j'avais annoncées comme étant celles de Votre Excellence et qui avaient été confirmées par elle dans sa lettre à monsieur le Conseiller-d'état Esmangart, ne recevant aujourd'hui aucune confirmation des preuves qui devaient en être données et que l'on attendait, où est pour moi la possibilité de ramener la confiance et de faire cesser les incertitudes? ces moyens sont au dessus de mon pouvoir.

Je n'ai ni le courage, ni la force, de rien ajouter de plus à cette lettre, et ne puis, monsieur le Président, vous exprimer que mon profond chagrin, et le désir que j'ai de la prompte arrivée de l'Envoyé de Votre Excellence.

J'ai l'honneur d'être avec tous les sentimens que vous me connaissez,

Monsieur le Président,

De Votre Excellence,

Le très humble et très respectueux serviteur,

A. DE LAUJON.

P.

Paris, le 12 Mai 1824.

A Son Excellence le Président d'Haïti.

Monsieur le Président,

J'ai eu l'honneur de vous écrire, le 8 du courant, aussitôt mon retour à Paris, où j'avais été rappelé après l'arrivée du *Rousseau*, à bord duquel ne s'était trouvé ni l'Envoyé de Votre Excellence, ni aucune lettre qui eût été adressée soit à moi, soit à M. Esmangart, pour nous faire connaître les causes d'un retard qui devient si malheureux. Comment est-il possible, Monsieur le Président, qu'aucun rapport quelconque n'ait pu obtenir votre croyance, au point de vous faire douter un seul instant de la franchise et de la loyauté du gouvernement du Roi? M. Esmangart serait donc également entré dans les vues de vous tromper; j'y aurais donc participé moi-même. Or, je demande à Votre Excellence si rien de tout cela est concevable. Des armemens considérables à Brest, une armée de vingt mille hommes arrivée à la Martinique, et destinée à agir contre votre pays, voilà les nouvelles que vous avez sans doute reçues et que l'on s'est plu à vous faire croire, quand il n'y a pas un mot de vrai. Vous ne tarderez pas à en être convaincu, et vous regretterez alors que les choses n'aient pas eu la prompte exécution que vous deviez leur donner. Oui, Monsieur le Président, Monsieur Esmangart et moi, serions aujourd'hui en route avec l'Envoyé de Votre Excellence, pour vous porter un Traité qui, conclu d'après les bases convenues, n'aurait pas souffert ici la moindre difficulté. Que de chagrins j'en ressens! aucune expression de ma part ne suffirait pour vous les retracer. Non seulement je ne puis pas prévoir quelles pourront être les suites de cette affaire, si le gouvernement vient à perdre toute confiance dans les promesses qui lui ont été faites; mais je tomberai moi-même auprès de lui dans une disgrace que je n'aurai assurément pas méritée. Voyez comme les peines touchent de près au bonheur. Tout était joie pour moi lorsque je suis arrivé, je ne l'ai pas laissé ignorer à Votre Excellence, et tout est chagrin aujourd'hui

Dans l'embarras où je suis de savoir comment je puis enfin persuader Votre Excellence, j'ai l'honneur de lui faire passer la lettre qui m'a été écrite par Monsieur Esmangart, lors de mon rappel, et je pense qu'elle verra combien tout est vrai dans ce que nous lui disons.

Toutes mes espérances, et celles dans lesquelles je n'ai d'autres ressources que d'entretenir le gouvernement, sont, que toutes les lettres que j'ai eu l'attention d'écrire à Votre Excellence et qui lui seront successivement parvenues, auront eu pour résultats de rétablir sa confiance et de la décider à envoyer promptement. Les choses seront conduites ici avec tant de dextérité, et l'on entrevoit si peu de difficultes dans leur terminaison, que je n'estime pas qu'il doive s'écouler plus de trois mois, à compter du départ de la personne que Votre Excellence enverrait, pour que nous nous retrouvions tous ensemble auprès de vous.

Comptez, je vous prie, sur toutes ces vérités, Monsieur le Président, ainsi que sur le profond respect, avec lequel j'ai l'honneur d'être,

De Votre Excellence,

Le très humble et très obéissant serviteur,

A. DE LAUJON.

P. Paris, ce 4 mai 1824.

A Monsieur de Laujon, au Hâvre.

Voilà, mon cher Laujon, le navire *le Rousseau* arrivé du Port-au-Prince; et pas plus que les autres il ne nous amène la personne annoncée par le President. Votre présence au Hàvre n'est plus nécessaire; elle ne servirait désormais qu'à faire jaser d'avantage; et, avec tout ce qui s'est dit sur l'objet de votre sejour dans ce port, elle ne servirait même qu'à compromettre le gouvernement. Nous désirons, certainement bien sincèrement, qu'un arrangement tel qu'il paraissait convenu, vienne mettre un terme à notre position fausse avec *St. Domingue*: mais encore faut-il que le gouvernement conserve sa position, sans avoir l'air d'aller trop au devant d'un arrangement qu'il fera malgré l'opposition de quelques têtes exaltées. Je regrette bien sincèrement, je vous le répète, que le Président n'ait pas mis à exécution le projet qu'il avait d'envoyer quelqu'un: la chose serait conclue à présent, et le Traité serait en route pour le Port-au Prince. Quant à moi, je ne puis plus attendre ici. Je pars demain pour Strasbourg. J'envoie, de la part du ministre, une instruction à M. Chabanon, au Hâvre. Et, si l'Envoyé que nous attendons débarque dans ce port, il le dirigera sur le point convenu, et je m'y rendrai.

Le gouvernement ici n'est pas content. Il est blessé de penser que le Président a encore de la défiance. Qu'il voie donc quelle est la position de la France, et il sera convaincu qu'elle n'a besoin d'aucun détour pour demander sans hésiter tout ce qui lui paraîtrait convenable. Comment peut il croire à ces annonces continuelles d'armemens, quand, depuis dix ans, rien de ce qui lui avait été annoncé comme positif en ce genre, ne s'est réalisé? Cette méfiance devient injurieuse pour le gouvernement qui devient lui-même défiant; et cela ne peut que rendre le Traité plus difficile. Il veut en finir, le ministre me l'a encore dit hier. Dieu veuille que le Président ne rende pas mes efforts et mes soins inutiles par une temporisation qui ne peut que tout compromettre.

Sans adieu: revenez sans tarder; nous causerons de tout cela plus à notre aise ici.

Tout à vous,

ESMANGART.

P. S. Je ne partirai pas d'ici avant votre retour.

RAPPORT

A Son Excellence le Président d'Haïti.

Président,

Nommés par Votre Excellence pour nous rendre

auprès du gouvernement français, à l'effet d'obtenir la reconnaissance, en forme authentique, de l'Indépendance du peuple haïtien, et de parvenir ensuite à la conclusion d'un Traité de commerce entre la France et Haïti, notre devoir et notre conscience nous imposent l'obligation d'exposer à Votre Excellence le résultat de la mission qui nous a été confiée. Nous écarterons tous les détails qui ne se rattachent pas essentiellement aux faits.

Partis du Port-au-Prince le 1er. mai de la présente année, sur *le Julius Thalès*. nous arrivâmes au Hâvre dans la nuit du 14 juin. Nos Instructions nous recommandaient d'aviser sur le champ M le Conseiller-d'État Esmangart de notre débarquement. Nous écrivîmes donc, dès le lendemain, à ce magistrat qui venait de passer de la préfecture de la Manche à celle du Bas-Rhin. Nous reçûmes sa réponse (N°. 1) à St. Germain, où M. Laujon avait eu ordre de nous accompagner.

Avant d'entrer en matière, nous croyons qu'il n'est pas inutile de dire à Votre Excellence que le lieu des conférences, après avoir été d'abord désigné à St. Germain, fut ensuite fixé à Strasbourg. résidence de M. Esmangart, lequel M. le marquis de Clermont-Tonnerre, ministre de la marine, nous annonçait dans sa lettre du 20 juin (N°. 2.) être autorisé à recevoir nos propositions. Mais d'après les représentations que nous adressâmes à M. Esmangart sur les lenteurs qu'apporterait nécessairement à la conclusion du Traité l'éloignement où nous nous trouvions de la Capitale, nous fûmes appelés à Paris (N.os 3 et 4).

Notre premier soin, en entrant en conférence avec M. Esmangart, avait été de l'inviter à proposer à son gouvernement de reconnaître l'Indépendance d'Haïti par une Ordonnance royale, comme la seule forme qui pût inspirer une entière confiance pour l'avenir au peuple haïtien. M. Esmangart nous ayant donné l'espoir que cette demande aurait une réponse conforme à nos désirs (N°. 5), nous jugeâmes à propos d'établir, sans tarder, les conditions du Traité projeté, dont il avait d'ailleurs parfaite connaissance, puisqu'il les avait provoquées lui-même, par sa lettre à Votre Excellence en date du 7 novembre 1823, et dans ses instructions à M. Laujon. Ces conditions reposaient 1°. sur la reconnaissance irrévocable de l'Indépendance d'Haïti; 2°. sur une indemnité pécuniaire en faveur de la France; 3°. sur des avantages mutuels de commerce pour les deux pays. A cette communication, M. Esmangart répondit, le 9 juillet, (N°. 6) que nous pourrions le lendemain conférer sur les bases ci-dessus mentionnées.

Néanmoins, plusieurs jours s'étant écoulés sans que nous vissions se réaliser les espérances qu'on nous avait fait concevoir, nous manifestâmes notre anxiété à M. Esmangart qui, tout en rejetant le retard dont nous nous plaignions sur les grandes occupations du gouvernement pendant la session des Chambres, nous assura que sous peu le ministre serait plus libre, et que l'on ne perdrait pas de temps pour en finir (N°. 7.)

Dès lors, nous eûmes avec M. Esmangart, qui avait cessé toute correspondance par écrit, de fréquens entretiens, dans lesquels les questions précédemment établies furent agitées de nouveau. Les principales clauses, telles que *la Reconnaissance, en forme authentique, de l'Indépendance d'Haïti, l'indemnité pécuniaire et les avantages commerciaux en faveur de la France sur le pied des nations le plus favorisées*, n'occasionnèrent point de longs débats: seulement on trouvait l'indemnité au dessous des prétentions que l'on voulait faire valoir; mais cela ne devait point, de l'aveu même de M. Esmangart, être une difficulté majeure.

Étant d'accord, ou du moins à peu près, sur tous ces points, nous insistons pour en venir à une fin. C'est alors que M. Esmangart nous parla pour la première fois de la Partie de l'Est d'Haïti, réunie depuis plus de deux ans à la République. Selon lui, le Traité ne devait embrasser que la portion de territoire ayant appartenu ci-devant à la France, et S. M. T. C. ne pouvait stipuler pour le Roi d'Espagne. Nous déclarâmes qu'il ne nous était pas permis d'admettre une distinction non produite dans les ouvertures qui avaient été faites à notre gouvernement, et qui avaient amené notre mission. Cet obstacle inattendu nous laissa entrevoir qu'on cherchait ou à traîner l'affaire en longueur, ou à se ménager un moyen de la rompre.

Cependant le terme, que Votre Excellence avait assigné à notre négociation, approchait, et nous voyions avec douleur que le ministère ne se prononçait pas. En conséquence nous écrivîmes, les 28 et 30 juillet, à M. Esmangart pour lui rappeler ses promesses, et pour lui dire que si l'on persistait à éluder de conclure, on nous mettrait dans la pénible nécessité de réclamer immédiatement nos passe-port. M. Esmangart vint nous voir le 31; et, après être convenu de nous répondre officiellement (ce que pourtant il n'a pas fait), il nous proposa une entrevue avec le ministre. Elle eut lieu le soir du même jour.

M. le marquis de Clermont-Tonnerre ouvrit la conférence en disant qu'il avait chargé M. le Conseiller-d'état Esmangart de nous inviter à cette entrevue dans l'intention de nous faire part du projet d'Ordonnance royale qui consacrait l'Indépendance d'Haïti, comme nous l'avions désiré, et dans lequel S. M. ne se réservait que la SOUVERAINETÉ EXTÉRIEURE. Vous pouvez juger de notre étonnement, Président, lorsque nous entendîmes proférer ce mot qui blesse au vif l'honneur national: aussi, malgré tous les efforts que M. le ministre de la marine fit pour nous persuader que cette réserve était autant dans l'intérêt d'Haïti que dans celui de la France, et que le Roi n'exigeait cette garantie que pour nous protéger contre toute attaque, dans le cas où une puissance étrangère voudrait nous inquiéter, nous protestâmes contre cette clause qui reproduisait, sous une forme nouvelle, des prétentions que notre gouvernement avait déjà rejetées; lui faisant observer que si, dans des circonstances difficiles, nous avions conquis notre indépendance, et si nous l'avions maintenue depuis vingt ans, aujourd'hui que la République est florissante, nous pouvions, sans être taxés de témérité, la défendre envers et contre tous; déclarant d'ailleurs que la Nation Haïtienne s'ensevelirait sous ses propres ruines, plutôt que de céder à aucune puissance le moindre droit qui portât atteinte à sa liberté politique. Le ministre, qui n'avait rien pu gagner sur ce point, nous fit, relativement à la Partie de l'Est de notre territoire, la même observation que nous avait déjà faite M. Esmangart, et il reçut de nous la même réponse. Il proposa alors que l'un de nous retournât en Haïti pour soumettre à Votre Excellence ces difficultés. Comme le cas n'avait point été prévu, et qu'il nous paraissait même contraire à l'esprit de nos instructions, nous exposâmes à monsieur le Marquis de Clermont-Tonnerre, que nous regrettions de ne pouvoir nous rendre à sa proposition. Le ministre ferma alors la conférence, en nous promettant qu'il prendrait l'avis du Conseil, et qu'il nous communiquerait la décision de son gouvernement.

Tel a été le résultat de notre entretien avec le ministre, La lettre que M. Esmangart nous a écrite le 3 août, nous a fait connaître le prétexte dont le gouvernement français a coloré la rupture de la négociation (N°. 8). Ce prétexte, c'est l'insuffisance de nos pouvoirs pour accepter les conditions établies dans le projet d'Ordonnance. Mais était-on fondé à arguer cette insuffisance, après avoir reçu, sans objection, nos propositions, et nous avoir flattés de l'espoir de les voir accueillies? Etait-ce faire preuve de cette disposition franche, si souvent manifestée, d'en venir à un arrangement définitif, que de nous présenter une clause non convenue, et à laquelle on savait bien que nous ne pouvions consentir?

Les choses ayant pris cette tournure inattendue, notre séjour en France devenait sans objet, et nous nous embarquâmes au Hâvre, le 15 août dernier, sur *le Cosmopolite*.

Voilà, Président, l'exposé vrai, et aussi succinct qu'il nous a été possible de le faire, de notre conduite et de celle du gouvernement français. Si nous n'avons point obtenu dans cette Négociation le résultat que nous devions naturellement attendre, nous aurons du moins la consolation d'avoir conservé intacts les droits et la dignité du peuple haïtien; et c'est avec ce sentiment que nous venons remettre entre les mains de Votre Excellence le précieux dépôt qu'elle nous avait confié.

Agréez, Président, l'hommage de notre respectueux dévouement.

LAROSE, P. ROUANEZ.

Port-au-Prince, le 5 Octobre 1824, an 21 de l'Indépendance.

N° 1. Strasbourg, 19 Juin 1824.

A Messieurs les Commissaires du Gouvernement Haïtien.

Messieurs,

J'apprends, avec une grande joie, votre arrivée en France. Vous étiez déjà annoncés depuis long-tems, et je craignais, d'après le retard, que mon espérance ne fût trompée. Je suis resté près de deux mois à Paris pour vous attendre et me concerter avec vous sur le lieu qui pourrait vous convenir, afin de nous y rendre et d'entamer la Négociation dont vous êtes chargés. Les soins que demande l'administration de mon département, ne m'ont pas permis d'attendre plus long-tems, et je suis à Strasbourg depuis dix jours seulement.

Notre Négociation doit être enveloppée du plus grand

secret; c'est le seul moyen d'éviter les intrigues de tous genres qui viendraient la croiser; et si nous voulons conserver ce secret, nous devons nous hâter de nous éloigner de la Capitale. Monsieur le Président Boyer l'avait bien senti, en envoyant l'année dernière, à Bruxelles, la personne chargée de ses pouvoirs. Ce trajet serait un peu long; ce serait d'ailleurs nous mettre sous la surveillance étrangère, ce qui aurait plus d'un inconvénient. Pour éviter cela, je suis convenu avec le ministère que, si vous arriviez, je vous inviterais à vous rendre à Strasbourg. Là vous serez inconnus, nos communications seront faciles, et je ferai de mon mieux pour vous y rendre le séjour agréable. Je vous fais donc cette proposition, Messieurs, au nom de mon gouvernement, et plus tard, quand on vous aura perdus de vue, après votre débarquement, nous pourrons nous rapprocher de Paris, sans craindre les mêmes inconvéniens. Je vous fais donc, Messieurs, cette proposition. M. Laujon, qui vous remettra cette lettre à St. Germain, vous accompagnera jusqu'ici où j'ai grande impatience de vous recevoir. J'espere qu'enfin nous allons rétablir la bonne harmonie entre les deux pays, et pour toujours; et je suis, je vous l'assure, très heureux de cette pensée.

Je suis, avec une très haute considération,

Messieurs,

Votre très humble et très obéissant serviteur,

ESMANGART.

N° 2.

Paris, le 20 Juin 1824.

A Messieurs les Commissaires du Gouvernement Haïtien.

Messieurs,

J'ai reçu la lettre que vous avez pris la peine de m'écrire à votre arrivée à St. Germain. Je ne puis que vous engager à vous rendre à Strasbourg, ainsi que monsieur Laujon vous l'a proposé. Vous y trouverez monsieur Esmangart qui est *autorisé à recevoir vos propositions.*

Recevez, messieurs, l'assurance de ma parfaite considération.

Le Pair de France, Ministre Secrétaire-d'Etat de la Marine et des Colonies,

Marquis de CLERMONT-TONNERRE.

N° 3.

Strasbourg, 24 Juin 1824.

A Messieurs les Commissaires du Gouvernement Haïtien.

Messieurs,

J'ai reçu la lettre que vous m'avez fait l'honneur de m'écrire en date de ce jour. Je transmets au Ministre la proposition que vous me faites de nous rapprocher de Paris. Notre éloignement, je le sens comme vous, a de l'inconvénient; et je ne doute pas que le Ministre ne le reconnaisse : je lui envoie la copie de votre lettre et j'y joins des réflexions dans le même sens.

Je saisis cette occasion pour vous offrir l'assurance de la très haute considération avec laquelle je suis,

Messieurs,

Votre très humble et très obéissant serviteur,

ESMANGART.

N° 4.

Strasbourg, le 26 juin 1824.

A Messieurs les Commissaires du Gouvernement Haïtien.

Messieurs,

Je reçois à l'instant une dépêche télégraphique qui m'annonce que la proposition que j'ai faite au ministre de nous rapprocher de Paris, ne paraît avoir aucun inconvénient. Je vous propose en conséquence de nous mettre en route. Nous nous arrêterons à Meaux, et de là nous correspondrons très promptement avec le gouvernement. L'attention a été détournée, et personne ne recevra l'éveil de notre arrivée. Cela nous permettra d'arriver au terme d'une Négociation dont tout me fait espérer le plus heureux résultat.

Je suis avec une très haute considération,

Messieurs,

Votre très humble et très obéissant serviteur,

ESMANGART.

No 5.

Au Château de Martroi, ce 7 Juillet 1824.

A Messieurs les Commissaires du Gouvernement Haïtien, à Meaux,

Messieurs,

Je reçois à l'instant votre lettre de ce jour dans laquelle vous me demandez de proposer au ministère de faire, par voie d'Ordonnance, la déclaration d'Indépendance de votre gouvernement. Je transmets cette demande à monsieur le Ministre de la marine; et, d'après les conférences qui ont déjà eu lieu à ce sujet, *je ne doute pas que demain nous n'ayons une réponse conforme à vos désirs.*

Je vous réitère, Messieurs, l'assurance de ma très haute considération.

ESMANGART.

N° 6.

Paris, 9 Juillet 1824.

A Messieurs les Envoyés du Gouvernement Haïtien, à Paris.

Messieurs,

Je viens de recevoir la lettre que vous m'avez fait l'honneur de m'écrire hier, et dans laquelle vous me faites connaître les bases et conditions sur lesquelles vous êtes autorisés à traiter et qui sont : 1°. la reconnaissance irrévocable de l'Indépendance d'Haïti ; 2°. une indemnité pécuniaire en faveur de la France ; 3°. les intérêts commerciaux et les avantages mutuels à régler. Je vais prendre les ordres du ministre à ce sujet ; et demain nous pourrons, je le présume, entrer en conférence sur ces premières questions.

Je vous réitère, Messieurs, l'assurance de ma très haute considération.

ESMANGART.

N° 7.

Paris, le 12 Juillet 1824.

A Messieurs les Envoyés du Gouvernement d'Haïti, à Paris.

Messieurs,

Ainsi que j'ai eu l'honneur de vous l'annoncer, j'ai transmis à S. E. monseigneur le Ministre de la marine les propositions que vous m'avez faites. Je suis bien contrarié des lenteurs qu'éprouve notre Négociation : mais dans ce moment, où la session des Chambres va avoir son terme, le gouvernement est tellement occupé qu'il ne lui est pas possible de donner à notre affaire toute la suite qu'il voudrait lui donner. Dans quelques jours il sera plus libre, et nous ne perdrons pas un moment pour en finir.

Je vous réitère, Messieurs, l'assurance de ma très haute considération.

ESMANGART.

N° 8.

Paris, le 3 Août 1824.

A MM. les Envoyés du Gouvernement de SAINT DOMINGUE.

Messieurs,

Le gouvernement, d'après la conférence que vous avez eue avec monseigneur le Ministre de la marine, a décidé que, faute de pouvoirs suffisans (1) pour accepter les conditions établies dans le projet d'Ordonnance dont il vous a été donné connaissance, la Négociation ne pouvait se suivre. Je regrette qu'elle n'ait pas eu un meilleur résultat; et je saisis cette occasion pour vout offrir, Messieurs, l'assurance de ma très haute considération.

ESMANGART.

RÉSUMÉ.

En 1814, on voulait nous imposer la SOUVERAINETE ABSOLUE de la France: en 1816, on se contentait d'une SOUVERAINETE CONSTITUTIONNELLE: en 1821, on ne demandait plus qu'une SIMPLE SUZERAINETE: en 1823, lors de la négociation du général Boyé, on se bornait à réclamer, comme le *sine quâ non*, L'INDEMNITE que nous avions offerte précédemment: par quel retour à

(1) Voilà la seconde mission que nous avons envoyée, d'après des instances réitérées, et voilà la seconde fois que l'on rompt en alléguant l'insuffisance des pouvoirs de nos agens. Nous avouerons que nos agens n'ont jamais eu de pouvoirs pour accepter des clauses diamétralement opposées à celles qui avaient été consenties par les deux gouvernemens. Mais est-ce leur faute, si le ministère français a toujours varié au moment même de conclure?

un esprit de domination, veut-on, en 1824, nous assujétir à une SOUVERAINETE EXTERIEURE? Qu'est-ce donc que cette souveraineté extérieure? elle se compose, selon nous, de deux espèces de droits: l'un qui se restreint au PROTECTORAT; et c'est celui qu'on nous présente: l'autre, qui s'étend sur les relations du dehors, soit politiques, soit commerciales, et que par la suite on ne manquerait pas de faire valoir. Mais de quelque côté que nous envisagions cette SOUVERAINETE, elle nous paraît injurieuse ou contraire à notre sécurité: voilà pourquoi nous la rejetons.

FIN.

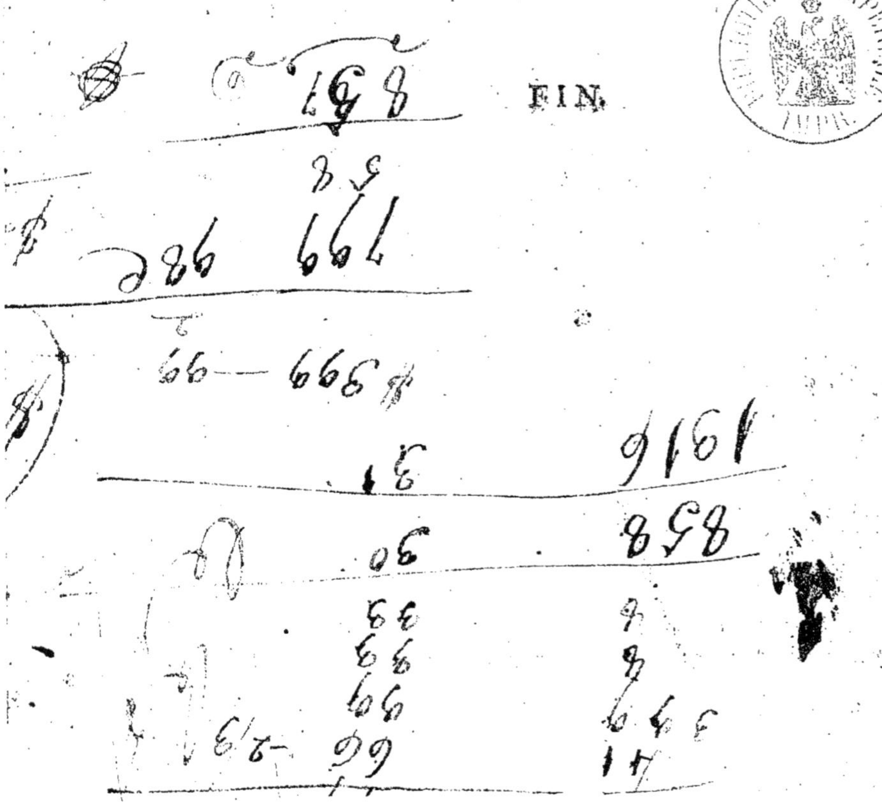

www.ingramcontent.com/pod-product-compliance
Ingram Content Group UK Ltd.
Pitfield, Milton Keynes, MK11 3LW, UK
UKHW020405230726
13925UKWH00003B/1264

9 782013 190978